青山俊董

光のなかを歩む

◇従容録ものがたりIII

春秋社

はじめに

両手ソロヘテ　日ノ光
掬《スク》フ心ゾ　アハレナル
掬ヘド掬ヘド　日ノ光
光コボルル　音モナク

北原白秋

道元禅師は「参学眼力の及ぶばかりを、見取会取するなり」とおおせられた。つまり持ちあわせている受け皿の大きさしかいただけないんだよ、というのである。限りなく与えられている教えの光を求めつづけつつも、いかんせん、おおかたこぼれ落としてしまっているかなしさ。北原白秋の歎きを、年を重ねるほどに思うことである。

内山興正老師よりいただいた「書けるから書くのではない。書けというご縁をいただいたら一生懸命書かせていただく。心の眼を開いた方に叱っていただくために」の一言に背を押され、『従容録ものがたり』のシリーズ三巻を何とかまとめさせていただくことができた。ひとえに明眼のお方々よりの御叱声を冀うものである。

青山　俊董　合掌

目次

カバー・本文画　佐久間　顕一

光のなかを歩む

従容録ものがたりⅢ

第六十八則　夾山揮剣

衆《しゅ》に示《しめ》して云《いわ》く、寰中《かんちゅう》は天子《てんし》の勅《ちょく》、閫外《こんがい》は将軍《しょうぐん》の令《れい》。有時《あるとき》は門頭《もんとう》に力《ちから》を得《え》、有時《あるとき》は室内《しつない》に尊《そん》と称《しょう》す。且《しば》らく道《い》え是《こ》れ甚麼人《なんびと》ぞ。

挙《こ》す。僧《そう》、夾山《かっさん》に問《と》う、塵《ちり》を撥《はら》って仏《ほとけ》を見《み》る時如何《ときいかん》。山云《さんいわ》く、直《じき》に須《すべか》らく剣《けん》を揮《ふる》うべし、若《も》し剣《けん》を揮《ふる》わずんば漁父《ぎょふ》巣《す》に棲《す》まん。僧挙《そうこ》して石霜《せきそう》に問《と》う、塵《ちり》を撥《はら》って仏《ほとけ》を見《み》る時如何《ときいかん》。霜云《そういわ》く、渠《かれ》に国土《こくど》なし、何《いず》れの処《ところ》にか渠《かれ》に逢《あ》わん。僧《そう》、廻《かえ》って夾山《かっさん》に挙似《こじ》す。山《さん》、上堂《じょうどう》して云《いわ》く、門庭《もんてい》の施設《せせつ》は老僧《ろうそう》に如《し》かず、入理《にゅうり》の深談《じんだん》は猶石霜《なおせきそう》の百歩《ぽ》に較《あた》れり。

頌《じゅ》に云《いわ》く、牛《うし》を払《はら》う剣気《けんき》、兵《へい》を洗《あら》う威《い》。乱《らん》を定《さだ》むる帰功更《きこうさら》に是《こ》れ誰《た》ぞ。一旦《たん》の氛埃《ふんあい》四海《かい》に清《きよ》し。衣《え》を垂《た》れて皇化《こうか》自《おのずか》ら無為《むい》。

一句に出会い、それも越えてゆく

「無の眼耳鼻舌身意《げんにびぜつしんい》あり、無の色声香味触法《しきしょうこうみそくほう》あり」

広い僧堂《そうどう》（坐禅堂）の彼方から、余語翠巌《よごすいがん》老師の深くしずかなお声がひびいてきた。ほの暗い電灯のもと、百人余りの雲水が黙々と坐っている。おりおりに警策《きょうさく》の音が静寂を破る。そのしじまからひびいてきたこの一句に、私は思わず歓喜の声をあげそうになった。久しく胸につかえていた疑問が一気に氷解したのである。

「眼耳鼻舌身意も無く、色声香味触法も無く」と訓読し、その「無く」が単なる否定ではないとわかりつつも、釈然としないものが残りつづけていた。「無の眼耳鼻舌身意あり」は、百八十度方向転換した大肯定の世界である。仏の御命（無）が一切のものへ（眼耳鼻舌身意……）と展開したという読み。つまり〝舎利子見よ、空即是色《くうそくぜしき》、花ざかり〟（小笠原長生）の読みなのである。

大本山総持寺における伝光会摂心《でんこうえせつしん》の夜坐《やざ》の口宣《くせん》（短い説法）を通して、余語翠巌老師に出会うことができ、やがて縁が熟し、特別尼僧堂の師家《しけ》として二十年の歳月を、老師の法益にあずかることができた。

余語翠巌老師との出会いがあったその頃の特別尼僧堂の師家は松田亮孝《まつだりょうこう》老師で、尼僧堂の摂心には『正法眼蔵三百則』を御提唱《ごていしょう》下さっていた。たまたま総持寺の伝光会摂心から帰って間もなくの摂心で、三百則中の第九十則「夾山《かっさん》、船子《せんす》に見《まみ》ゆるの縁」の提唱中、「一句合頭《がっとう》の語《ご》、万劫《まんごう》の繫驢橛《けろけつ》」という船子徳誠《せんすとくじょう》の言葉に出会い、ガンと頭をなぐられる思いがした。

長い年月をかけて求め求め、参じつくすことにより、機縁熟して、人に、一句に出会うことができた。人に、一句に出会わねばならない。それが「一句に合頭する」ということである。しかしそれにしがみついていたのでは自在の動きがとれない。驢馬が橛にしばりつけられているようなものだ。それも手放せ、というのである。

一句に出会うといっても、そのときの自分の持ちあわせている寸法内での出会いにすぎないのであり、蛇でも限りなく脱皮するように、昨日より今日、今日より明日と脱皮し、

脱皮し、寸法をのばし、より深めていかねばならないのである。

内山興正老師がよく「ミイラになったような悟りを背負いまわしてもしょうがない」とおっしゃった。松田老師の後任として特別尼僧堂の師家に御就任いただいてよりの二十年間の法益は、限りなく見なおしつつ、より一歩深くの誓願の日々であり、その姿勢は生涯変ることはないであろうし、変ってはならないのである。

宗教とは私の目、耳、アタマをつくり変えること

中国の仏教史上で三武一宗の法難と呼ばれる仏教弾圧の歴史がある。北魏の武帝（四九二年ごろ）、北周の武帝（五五七年ごろ）、唐の武宗（八四三年ごろ）、後周の世宗（九五一年ごろ）の四帝。このうちもっとも激しかったのが唐の武宗の時代で、これを会昌の沙汰（会昌という年号のとき）と呼んでいる。その法難をのがれて徳誠和尚は船頭に身をやつし、華亭江で渡し守をしていた。船子徳誠と呼ばれるゆえんである。

当時夾山は三十八歳ころ。尋師訪道の末、華亭船上でこの徳誠と出会い、数番の問答商量の末、許されて嗣法する。その問答往来の中で徳誠が夾山にいった言葉の一つに「一句合頭の語、万劫の繋驢橛」の一句があるのである。

第六十八則「夾山《かっさん》揮剣《きけん》」の本則を眺めてみよう。一人の僧が夾山に「塵を払って仏を見る時いかん」と質ねてきたのに対し、夾山は「剣をふるってその仏も殺してしまえ。そうしないと漁師が山に入ったようなもので、何の働きもできなくなるぞ」と答えている。

身はこれ菩提樹
心は明鏡台の如し
時々に勤めて払拭せよ
塵埃《じんない》を惹《ひ》かしむることなかれ

これは有名な神秀上座の偈である。古来より雲を払って月を見るように、「煩悩を断じて悟りを得る」と説かれ、〝六塵にふりまわされるな〟と説かれてきた。眼耳鼻舌身意の六根（主体）の相手となる色声香味触法の六境を、六塵とするかしないかは此方の問題であって、六境の側に責任はない。

「宗教とは、外の世界をつくりかえるのではない。こちらの目、耳、みかた、アタマをつくりかえるのである」

これは沢木興道老師がおりおりにおっしゃった言葉である。同じ一輪の花を眺めていても、Aはそれから天地のまことの声を聞いて悟りに到り、Bは、花が美しいほどにわがものにしようとしたり、あるいは売って金にしようとする等、煩悩を増長させる材料にしてしまう、というように、罪は花の方にあるのではない。

しかし一般には神秀上座のように、煩悩を、塵を払って仏を見る、つまり悟りを開き、成仏すると考える。僧の夾山への質問もそれである。その問いに対し夾山は、悟った、成仏したなどというところに坐りこんでいてはいけない。それすらも邪魔だ、切り捨てよ、と答える。まさに「一句合頭の語、万劫の繫驢橛」で、その一句も切り捨てよ、忘れ去れと答えたのである。

この僧は同じ質問を、夾山と法の上で従兄弟に当る石霜《せきそう》のところへ持っていった。石霜は答えた。「渠《かれ》に国土なし。何れの処にか渠に逢わん」と。渠とは仏さまのこと。〝一定の住所があれば、そこへ行ってお逢いすることはできる。住所不定の仏にどうやって逢おうというのじゃ〟というのである。

きまった住所がないということは、云いかえればどこもかも住居、どこにでもおられる、ということでもある。こちらの眼さえ開いていれば、いつでもどこでも出会いっぱなしに出会っているのである。逆に眼が開いていなければ、目の前におられても、あるいはその御手の只中にいだかれていても、見えないものには見えず、聞こえないのである。

僧は夾山のところへもどり、石霜の「渠に国土なし云々」の答えを提示した。夾山云く、「教化の手段としては私のほうが上だが、至極の道理を説くという面からは石霜和尚のほうがはるかに優れておる」と。

一方は仏に向かって限りなく深まってゆく修行のあり方を親切に指導したものであり、一方は、〝その仏とは何か〟を端的に示したといえるのではなかろうか。

第六十九則　南泉白牯

衆《しゅ》に示《しめ》して云《いわ》く、仏《ぶつ》と成《な》り祖《そ》と作《な》るをば汚名《おめい》を帯《お》ぶと嫌《きら》い、角《つの》を戴《いただ》き毛《け》を披《き》るをば推《お》して上位《じょうい》に居《お》く、所以《ゆえ》に真光《しんこう》は耀《かがや》かず、大智《だいち》は愚《ぐ》の若《ごと》し、更《さら》に箇《こ》の聾《ろう》に便宜《べんぎ》とし、不采《ふさい》を佯《いつ》わる底《てい》あり。知《し》んぬ是《こ》れ阿誰《あすい》ぞ。

挙《こ》す。南泉《なんせん》、衆《しゅ》に示《しめ》して云《いわ》く、三世《ぜ》の諸仏《しょぶつ》有《あ》ることを知《し》らず、狸奴《りぬ》白牯《びゃっこ》却《かえっ》て有《あ》ることを知《し》る。

頌《じゅ》に云《いわ》く、跛跛挈挈《はははけつけつ》、㲯㲯毿毿《らんらんさんさん》、百取《と》るべからず、一も堪《た》ゆる所《ところ》なし。黙黙《もくもく》自《みずか》ら知《し》る田《でん》地《ち》の穏《おだや》かなることを。騰騰《とうとう》誰《たれ》か肚《ず》皮《ひ》憨《かん》なりと謂《い》わん。普周《ふしゅう》法界《ほっかい》渾《すべ》て飦《はん》と成《な》す。鼻孔《びくう》累垂《るいすい》として飽参《ほうさん》に信《まか》す。

頭で運転しているうちは駄目

その並はずれた才能のゆえに文殊丸《もんじゅまる》と呼ばれ、やがては摂政関白へと一族の人々から期待されていた道元禅師は、十三歳の春ひそかに木幡《こわた》（宇治）の山荘を忍び出て比叡山に上り、天台座主《ざす》の公円僧正《こうえんそうじょう》について出家得度《とくど》されたと伝えられている。

当時の比叡山は仏教総合大学ともいうべき存在で、鎌倉仏教を始められた祖師はすべてここで学んでおられる。道元禅師は十五歳の春、大きな疑問にぶつかった。「大乗仏教では、人は生まれながらにして仏だと説く（本来本法性《ほんらいほっしょう》、天然自性身《じしょうしん》）。それなのに何故《なぜ》この道を歩んだ先達《せんだつ》たちは、発心《ほっしん》修行されたのか」と。納得のできる答えが得られぬままに比叡山を下り、三井寺の公胤《こういん》僧正の紹介で、当時新たに禅を日本に伝えた栄西《えいさい》禅師を建仁寺に訪ねる。

この栄西禅師が若き求道者、道元に与えた一句が、「三世《さんぜ》の諸仏《しょぶつ》有ることを知らず、狸《り》奴白牯《ぬびゃっこ》かえって有ることを知る」の南泉《なんせん》の言葉であったと伝えられている（異説あり）。

第六十九則「南泉白牯」の「本則」は、この南泉の一句の紹介にとどまる。

「三世の諸仏」というのは「道を求め、道を体得し、道と全く一つになっておられる方々」ということができよう。「狸奴白牯」というのは「狸奴」は「猫」、「白牯」は「白牛」のことであるが、猫や牛のことではなく真実の道に暗い凡夫のことを指す。

原文はもちろん漢文で「三世諸仏不知有、狸奴白牯却知有」となり、ここで注目すべき言葉は「不知」と「知」であろう。

道元禅師はこの疑問をひっさげて二十四歳の二月、師の明全和尚と共に入宋し、遂《つい》に生涯の師、如浄《にょじょう》禅師に出会うことができ、嗣法《しほう》を許され、二十八歳の八月、帰国される。

帰国し、時の熟するのを待ち、深草の安養院において執筆されたのが、道元禅師の立《りっ》教開宗《きょうかいしゅう》の宣言ともいわれる『辦道話《べんどうわ》』である。この『辦道話』の冒頭に「人々の分上《ぶんじょう》にゆたかにそなわれりといえども、いまだ修《しゅ》せざるにはあらわれず、證《しょう》せざるには得ることなし」の一句が登場する。「もともと仏なら修行しなくてもよかろうになぜ修行せねばならないか」の疑問への答えともいうべき一句である。

13　第六十九則　南泉白牯

「仏の御生命、御働きの全分を初めから授かっていても、そのことに気づかなければ、そんなすばらしい生命の働きも、本具の輝きを見せるわけにはいかない」というのである。気づくためには、さんざんに求め、探し、「ああ、そうであったか、ないものを探すのではなかった。すでに授かっている働きに気づくことであった」というところまで辿《たど》りつかねばならないというのである。この段階が「知」、つまり認識にのぼる段階である。

更《さら》に道元禅師は『辦道話』の中で「知覚にまじわるは証則《しょうそく》にあらず。証則には迷情及《めいじょう》ばざるがゆえに」と否定しておられる。気づかねばならないが、気づきはほんの一分に過ぎない、自分の持ちあわせている受け皿の大きさ、貧しい経験の範囲しか受けとめることができないのだよ、と否定される。まして、気づいた、覚《さと》ったと驕《おご》り、そこに腰をすえたら逆に道を汚すことになると誡《いまし》められる。

更には、認識（知）の段階というのは、認識する方とされる側と二つの間に距離がある証拠である。一つになっていたら認識にのぼらない。例えば「熟睡のとき熟睡を知らず」の言葉の示す通り、あるいは自動車運転も、運転していることの一つ一つが意識に上るうちは未《いま》だしといえよう。熟練してきたら運転していることなど全く意識にのぼらず、無心にしかも自在に運転できるであろう。この様子を「三世諸仏有ることを知らず」、つまり「不知」といい、悟りを向こうにまわして探しまわったり手に入れたと有頂天になったりしているのを「狸奴白牯かえって有ることを知る」、つまり「知」という言葉で示されたといただくべきであろう。

第七十則　進山問性

衆《しゅ》に示《しめ》して云《いわ》く、香象《こうぞう》の河《かわ》を渡《わた》るを聞《き》く底《てい》も已《すで》に流《ながれ》に随《したが》って去《さ》る。生《しょう》は不生《ふしょう》の性《しょう》なるを知《し》る底《てい》も生《しょう》の為《ため》に留《とど》めらる。更《さら》に定前定後《じょうぜんじょうご》、笋《じゅん》となり蔑《べつ》となることを論《ろん》ぜば、剣去《けんさ》って久《ひさ》しうして爾方《なんじまさ》に舟《ふね》を刻《きざ》むなり。機輪《きりん》を蹋転《とうてん》して作麼生《そもさん》か別《べつ》に一路《ろ》を行《ぎょう》ぜん。試《こころみ》に請《こ》う挙《こ》す看《み》よ。

挙《こ》す。進山主《しんざんしゅ》、修山主《しゅざんしゅ》に問《と》うて云《いわ》く、明《あきら》かに生《しょう》は不生《ふしょう》の性《しょう》なることを知《し》らば、甚麼《なん》としてか生《しょう》の為《ため》に留《とど》めらるるや。脩云《しゅいわ》く、筍畢竟竹《たかんなひっきょうたけ》となり去《さ》る、如今篾《にょこんたけなわ》と作《な》して使《つか》うこと還《かえ》って得《え》てんや。進云《しんいわ》く、汝向後《なんじこうご》自《みずか》ら悟《さと》り去《さ》ること在《あ》らん。脩云《しゅいわ》く、某甲《それがし》只此《ただかく》の如《ごと》し上座《じょうざ》の意旨《いし》如何《いかん》。進云《しんいわ》く、這箇《しゃこ》は是《こ》れ監院房《かんにんぼう》、那箇《なこ》は是《こ》れ典座房《てんぞぼう》。脩《しゅ》、便《すなわ》ち礼拝《らいはい》す。

頌《じゅ》に云《いわ》く、豁落《かつらく》として依《え》を亡《ぼう》じ、高閑《こうかん》にして覊《ほだ》されず。家邦平帖《かほうへいちょう》到《いた》る人稀《ひとまれ》なり。些些《ささ》の力量階級《りきりょうかいきゅう》を分《わか》つ。蕩蕩《とうとう》たる身心是非《しんじんぜひ》を絶《ぜっ》す。是非絶《ぜひぜっ》す、介《ひと》り大方《たいほう》に立《た》って軌轍《きてつ》なし。

竹の子の配役、竹縄の配役

待ちぼうけ
　待ちぼうけ
ある日せっせと
　野良かせぎ
そこへ兎《うさぎ》が
　とんででて
ころりころげた
木のねっこ。

北原白秋の作詩になるこの童謡は、紀元前三世紀頃《ころ》、中国・戦国時代の韓非子《かんぴし》に出てくる物語が原点であることは余《あま》り知られていないであろう。百姓が畑を耕していたら兎がとび出してきて、木の切り株に首をぶっつけて死んだ。これはしめたと、畑を耕すのを止めて毎日切り株の番をして兎がきて死ぬのを待ったという話で、「守株《しゅしゅ》」又《また》は「守株待兎《たいと》」といい、古い習慣や過去にとらわれ、刻々に変化してゆくことに対応できない愚かさを比喩《ひゆ》的に語ったものである。

この「守株」と同じような意味を持つ言葉に「刻舟《こくしゅう》」というのがあり、「守株・刻舟」と熟語され、事物にこだわって融通のきかない人のことを云《い》う。同じく中国・戦国時代の『呂氏《ろし》春秋』に出てくる物語である。

「楚人《そじん》の江を渉《わた》る者あり。剣を水中に堕《おと》す。すなわちその舷（ふなばた）に刻み記して曰《いわ》く、これ剣の落とし所なりと。舟の止まるを待ち、その刻みし処《ところ》に従って水中に入りて之《これ》を求む」と。

いずれも一つのことに執して、自在の対応ができないことを誡《いまし》めたものといえよう。

第七十則「進山問性《しんざんもんしょう》」の「示衆《じしゅ》」に「笋《たけのこ》と作り篾《たけなわ》と作ることを論ぜば、剣去って久しう

19　第七十則　進山問性

して爾《なんじ》まさに舟を刻むなり」の一句が登場する。竹の子はやがて竹と成長し、更《さら》に数年を経たものでないと竹縄として細工に使うことはできない。

竹の子は竹縄として使うことはできないが、季節のおいしい食材にはなる。逆に竹は竹縄にはなるが、食材にはならない。竹の子の時節には竹の子の働きに徹し、竹縄になったら竹縄の働きに徹する。竹の子であった過去や竹縄になる未来を持ち出したり比べたりして論じてみてもしようがない。刻々に移りゆく今日只今《ただいま》の配役に徹してゆけというのである。

この「守株・刻舟」の話や、竹の子と竹縄の例を持ち出して、この則は何を語ろうとしているのか。「本則」では進山主《しんざんしゅ》（清渓洪進《せいけいこうしん》）が「明らかに生は不生の性なることを知って、なんとしてか生のために留めらるるや」と脩山主《しゅざんしゅ》（龍済紹脩《りゅうさいじょうしゅう》）に問いかけたのに対し、脩山主が〝竹の子はやがて竹にはなるが、今は竹縄としては使えない〞と答えている。「生は不生の性なることを知る」ということは「不生不滅の仏の御生命を、今こういう姿でいただいて生きているのだということを知っている」というのである。頭では永遠の仏の御生命を私という姿で生きているということを理解していても、やはり今この私の生命にこだわり、誕生は喜び、病や死は厭《いと》い逃げようとする。そういう心のゆらぎをどうしたらよいか、というのである。

病名を聞いて

泣き出す大僧正

という川柳を聞いたことがある。日頃悟りすまして立派なことを説いていた大僧正が癌《がん》になり、医者からその宣告を受けて泣き出したという風刺に富んだ川柳である。頭でわかっているということと、ほんとうに自分のものとなっているということとは違う。しかしまずは頭の理解から入り、長い年月をかけて自分のものとして熟させてゆかねばならないことも事実で、そこを〝竹の子がやがて竹となり竹縄となる〟と脩山主は答えた、と受けとめることもできよう。

この脩山主の答えに対し、進山主は「あちらは監院寮《かんにんりょう》、こちらは典座寮《てんぞりょう》、つまり〝過去や未来に心を遊ばせず、今日只今の配役に徹して生きよ〟の一句を示された。人生も、今が病気であろうと失敗であろうと、そのことに姿勢を正して立ち向かうより他《ほか》に道はないのである。

第七十一則　翠巌眉毛

衆《しゅ》に示《しめ》して云《いわ》く、血《ち》を含《ふく》んで人《ひと》に噴《ふ》く自《みずか》ら其《そ》の口《くち》を汚《けが》す。杯《はい》を貪《むさぼ》って一世人《せいひと》の債《さい》を償《つぐな》う。紙《かみ》を売《う》ること三年鬼銭《ねんきせん》を欠《か》く。万松諸人《ばんしょうしょにん》の為《ため》に請益《しんえき》す。還《かえっ》て担干計《たんかんけい》の処《ところ》ありや也《ま》た無《な》しや。

挙《こ》す翠巌《すいがん》夏末《げまつ》に衆《しゅ》に示《しめ》して云《いわ》く、一夏《げ》以来《いらい》兄弟《ひんでい》の為《ため》に説話《せった》す。看《み》よ翠巌《すいがん》が眉毛《びもう》ありや。保福《ほふく》云《いわ》く、賊《ぞく》と作《な》る人心《ひとこころ》虚《きょ》なり。長慶《ちょうけい》云《いわ》く、生《しょう》ぜり。雲門《うんもん》云《いわ》く、関《かん》。

頌《じゅ》に云《いわ》く、賊《ぞく》と作《な》る心《しん》、人《ひと》に過《す》ぎたる胆《たん》。歴歴縦横機感《れきれきじゅうおうきかん》に対《たい》す。保福雲門垂鼻脣《ほふくうんもんすいびしん》を欺《あざむ》く。翠巌長慶脩眉眼《すいがんちょうけいしゅうびまなこ》に映《えい》ず。杜禅和何《ずぜんななん》の限《かぎり》かあらん、剛《しい》て道《い》う意句《いく》一斉《せい》に剗《き》ると。自己《じこ》を埋没《まいぼつ》して気《き》を飲《の》み声《こえ》を呑《の》む、先宗《せんしゅう》を帯累《たいるい》して牆《かき》に面《むか》い板《いた》を担《にな》う。

お盆の心や盆踊りの由来

釈尊は八十年の御生涯を、一人でも多くの人の本当の幸せのために一日も休まず、町から村へ、村から里へと歩を進められ、人々の悩みに耳を傾け、その真実の解決の道を説きつづけられた。

インドの季候は雨期と乾期に分けられ、四月十五日から七月十五日（旧暦）の雨期三ヶ月は、道も川も畑も区別がつかないほどの湖状態となり、遊行《ゆぎょう》もままならない。そこでこの三ヶ月は、釈尊とその弟子達《たち》は、祇園精舎《ぎおんしょうじゃ》とか竹林《ちくりん》精舎に集まり、釈尊の御説法の聴聞をしたり、坐禅に励んだり、お互いの研鑽《けんさん》に専念した。これを雨安居《うあんご》と呼び、この修行のあり方、つまり三ヶ月九旬（一旬は十日で九十日間）を一ヶ所に禁足して研鑽に当てるというあり方は、中国を経て日本に伝えられ、今日に到《いた》るまで修行の一単位とされている。

雨期のない中国や日本では、夏安居、冬安居と呼んで一年のうち、二期に分けて修行されている。

今日、一般に行われているカルチャーセンターや老人大学などの生涯学習の先駆は釈尊であったな、と思わせられることである。肉体も食物を食べつづけなければ枯渇してゆくように、心の栄養としての学びも生涯しつづけなければ心が痩《や》せ衰えてしまう。年に一度、三ヶ月ずつ全員が一ヶ所に集まり、いつのまにかゆがんでしまったり、一人よがりの見方になってしまっている自分を見直し、釈尊のみ教えのもと、限りなく軌道修正しながら出なおす機会を持ちつづけたという、仏教教団のあり方のすばらしさを、あらためて思うことである。

同時に、この雨期三ヶ月が終わった七月十五日（新暦八月十五日）が、今日、日本に伝わるお盆やお施餓鬼《せがき》の行事に重なることも、再認識しておきたい。

釈尊の十大弟子の一人で神通第一と呼ばれた目連尊者《もくれんそんじゃ》は、その神通力によって、亡き母が餓鬼道に堕《お》ちて苦しんでいることを知り、母を救う方法を釈尊にお質《たず》ねする。釈尊は〝九旬安居〟を終え、その最後の日に自恣《じし》といって皆が総懺悔《そうさんげ》の式をする。その自恣を終えたお坊さん方にお経を読んでいただき、〝御供養をすれば、その功徳で母は鬼界《きかい》の苦から救われるだろう〟と教えられた。その日が七月十五日であり、釈尊の教えの通りに勤めることにより、目連尊者の母は苦界を脱することができ、嬉《うれ》しさのあまり手の舞い、足の踏むところを知らず、それが盆踊りの由来だ、と伝えられている。

因《ちな》みに、盆とは盂蘭盆《うらぼん》を略したもので、梵語《ぼんご》のウランバナの音を写したものであり、倒懸《とうけん》と訳されている。さかさまに吊《つ》るすという極刑が曾《かつ》ての日本にもあったそうだが、そのさかさまに吊るされたような苦しみを意味する。間違った人生観、世界観のゆえに、天地の道理、生命の真実のありように暗いために、みずから招いた苦しみを、正しい人生観、世界観へと転換することで、その苦しみから脱却する喜び、とこの物語は受けとめるべきであろう。

この三ヶ月夏安居の最後の日にあたる七月十五日を夏末《げまつ》と呼ぶ。第七十一則「翠巌眉《すいがんび》毛《もう》」では、雪峰《せっぽう》の弟子の翠巌が、一夏《いちげ》安居の堂頭《どうちょう》を勤め、夏末の七月十五日に「三ヶ月の間、修行僧達のために説法をしてきたが私の眉毛がついているかどうか、よく見てくれ」と問いかけ、兄弟弟子である保福《ほふく》、長慶《ちょうけい》、雲門《うんもん》等がそれぞれ一語をもって答えたという話が紹介されている。

昔から「仏法を誤って説くと眉毛が抜け落ちる」と語り伝えられてきた。古人の教えを自誡《じかい》としての翠巌の問いかけと受けとめるべきであろう。

説けないところを説くおそれ

「言葉」とは事実、真事《まこと》から端生したもので、「事端」と書かれたものであるという。萩《はぎ》やすすきという存在があって、それを指し示す「萩」とか「すすき」という言葉が生まれ、その萩やすすきが春は萌《も》え出し、やがて花咲き、散るという働きの事実があって、それを説明する理論や言葉が生まれる。しかも一度その姿や働きを認識でとらえ、固定した言葉で表現すると、それは動かないものとなってしまう。萩やすすきという存在そのものは一瞬も止まらず変化し続けているものであるのに、しかも一本もひと花も同じものはないのに、十把ひとからげに、それも一瞬の姿一断面の働きを切りとり、言葉として表現し、理論として説明して、理解したつもりでいる。一人の人間にしても写真におさめた姿は何十年経《た》っても歳《とし》をとらない。つまり切りとられ、写しとられた過去の形骸《けいがい》にすぎないものであり、しかもほんの一断面にすぎない。

そのように、われわれが生かされている生命の姿や天地の働きも、どんなに言葉を尽くしてもその全体の姿はついに表現できるものでもなく、認識でとらえることができるものでもないのである。かといってそれを語らないわけにもいかないから、釈尊も歴代の祖師方も説き続けられた。説き続けつつも「四十九年の説法、一字不説」と、釈尊をして云《い》わしめたのである。

たとえば、料理の味をどんなに言葉で説明しても語れないように、火の熱さや火の働きを言葉の限りをつくして説明しても伝えることができないように、すすきや萩のたたずまいを、どんなに説明してもわからないように。

何よりもまずは食べてみる、火を手でつかんでみる、萩やすすきを直接この目で見る。説明の言葉や観念を間にさしはさまず、じかに事実を見、食べ、触れてみれば、即座にわかる。そこを示さんとして釈尊はある日、青蓮華《れんげ》を一輪持って説法の座にのぼられ、その華を拈《ねん》じてニコッとされ、一言も言葉を発せられず、座をおりられたのである。じかに事実を見、真事の声を聞けとのお誡《さと》しである。

更《さら》には、自分の認識で切りとった真事の一断面であろうと、それはあくまで私の貧しい知識と経験というフィルムを通してつかんだ世界であって、真実、事実には遥《はる》かに遠いものにすぎないという自覚がなければならない。道元禅師が「参学《さんがく》眼力の及ぶばかりを見取《けんしゅ》会取《えしゅ》するなり」とおおせられるゆえんである。

化粧品会社へたのまれて講演にいった。対象は小売店の店主達《たち》で、題は「美しき人に」。私は〝手入れではなく、生き方からにじみ出る人格の輝きの美しさこそ〟という話を二時間した。終わっての質問の中に「先生はどういうお手入れで?」というのがあり、私はがっかりした。お手入れではないという話を二時間もしたのに、この人達は何を聞いていてくれたのかと。しかし同時に一つのことに気づいた。「お手入れ」ということを商売としている人達。どんな話もその角度からしか聞けないのだと。つまりお互いに自分の貧しい経験の角度、学んだ知識の受け皿の大きさしか受けとめることができないのである。そこを道元禅師は「参学眼力の及ぶばかりを見取会取するなり」とおおせられたのである。

わかりやすい話を聞いたり又《また》は教えを読むさえ、われわれの受けとめはこの程度である。

まして人間の言葉で語ってくれない、しかもはかりしれない天地の真事の働きそのものは遂《つい》に究めうるものでもなければ、まして語りうるものでもない。かといって語らないでいるわけにもいかない。

学ぶほどに、語るほどに真実、事実に遠い自分への自覚と懺悔《さんげ》の思い、それが第七十一則「翠巌眉毛《すいがんびもう》」の「本則《ほんそく》」の一句「翠巌に眉毛在りや」―仏法を誤って説くと眉毛が抜け落ちるというが、私の眉毛がついているかどうか見てくれ―の心といただくべきではなかろうか。

第七十二則　中邑獮猴

衆《しゅ》に示《しめ》して云《いわ》く、江《こう》を隔《へだ》てて智《ち》を闘《たたか》わしめ、甲《こう》を遯《しりぞ》け兵《へい》を埋《うず》む。覿面《てきめん》すれば真鎗実剣《しんそうじっけん》を相持《あいじ》す、衲僧《のうそう》の全機大用《ぜんきたいよう》を貴《たっと》ぶ所以《ゆえん》なり。慢《まん》より緊《きん》に入《い》る。試《こころみ》に吐露《とろ》す看《み》よ。

挙《こ》す。仰山《きょうざん》、中邑《ちゅうゆう》に問《と》う、如何《いか》なるか是《こ》れ仏性《ぶっしょう》の義《ぎ》。邑云《ゆういわ》く、我《われ》が為《ため》に箇《こ》の譬喩《ひゆ》を説《と》かん、室《しつ》に六牕《そう》あり中《うち》に一獮猴《みこう》を安《お》く、外《ほか》に人《ひと》ありて喚《よ》んで狌狌《しょうしょう》といえば、獮猴即《みこうすなわ》ち応《おう》ず、是《かく》の如《ごと》く六牕倶《そうとも》に喚《よ》べば倶《とも》に応《おう》ずるが如《ごと》し。仰云《きょういわ》く、只《た》だ獮猴睡《みこうねむ》る時《とき》の如《ごと》きは又作麼生《またそもさん》。邑《ゆう》、乃《すなわ》ち禅牀《ぜんしょう》を下《くだ》って把住《はじゅう》して云《いわ》く、狌狌《しょうしょう》我你《われなんじ》と相見《しょうけん》せり。

頌《じゅ》に云《いわ》く、雪屋《せつおく》に凍眠《とうみん》して歳摧頽《としさいたい》、窈窕《ようちょう》たる蘿門夜開《らもんよるひら》かず。寒槁《かんこう》せる園林変態《おんりんへんたい》を看《み》る、春風吹《しゅんぷうふ》き起《お》す律筒《りっとう》の灰《はい》。

「仏」について祖父と孫との語らい

食事は口で食べたり味わったりするものと思っているが、そうではない。全身心をあげて味わっている。まずは眼で料理の色どりや盛りつけの仕方や器などをたのしみ（色）、鼻で香りを（香）たのしむ。口で味わい（味）と同時に歯ざわりや舌ざわりなどの感触（触）をたのしみ、耳で、たとえばリンゴのパリッとした音や、沢庵《たくあん》のカリカリなどの音（声）をたのしむ。又《また》、たとえば茶碗《ちゃわん》もあまり重くても、反対に軽すぎても気になる。その茶碗の縁が厚すぎると、唇にあたった感触（触）が悪く、汁ものなどは飲みにくい。

更《さら》には、その食事の背景にどれだけの真心がこめられているか否かで、喜びも大きく左右する。食卓にのせられた食物への好き嫌いや、その場の雰囲気なども大切である。第三者にとっては何ということもない食べ物でも、その人にとってはかけがえのない「おふくろの味」に通うものなら、ひとしおにいとしいものとなるように。

仏教ではわれわれの体を眼耳鼻舌身意《げんにびぜつしんい》の六根《ろっこん》という形で表現し、この主体に対する客体として、眼の対象となる姿形を持ったものを「色《しき》」といい、耳に対するものが「声《しょう》」、鼻の相手が「香《こう》」、舌の対象となるものが、「味《み》」、身体ではさわるという「触《そく》」の感覚。最後の意、つまり心の対象となるものが、もてなしの心とか、好き嫌いとか、思い出とか雰囲気という言葉で表現できる内容で、これを「法《ほう》」という。つまり眼耳鼻舌身意の主体である六根の、お相手となる客体を色声香味触法の六境《ろっきょう》と呼ぶ。

六根という窓口から六境が出入りする。たとえば眼や鼻という窓口から、松茸《まつたけ》という姿や香りがとびこんできた。ただちに心がそれを受けとめて「松茸だ。いい香りがしておいしそうだ」という判断が生まれる。この心の働きを六識《ろくしき》と呼ぶ。眼があり松茸があっても、つまり根と境の二つが整っていてもそれをつかまえて松茸だと意識する心の働きがなければ、そこに認識は成立しない。六根と六境と六識の三者が一つに働いて認識が成立し、一度の食事もたのしくいただける。

第七十二則「中邑獼猴《ちゅうゆうみこう》」では若き仰山《きょうざん》が大叔父（祖父の兄弟弟子）の中邑に「仏性《ぶっしょう》とはどういうものか」と質《たず》ねたのに対し、中邑は「六つの窓のある部屋の中に一匹の猿がい

33　第七十二則　中邑獮猴

て、どの窓から呼んでもただちに答えるようなものだ」と、たとえをもって答えた。この体に六根という窓があり、その中に心があって、六境に対応するさまを、六つの窓のある部屋とその中の猿にたとえたものといってよかろう。

若僧とみてわかりやすい例をもって答えたのに対し、仰山は「猿が睡《ねむ》っていたらどうしますか」と、古参の雲水顔負けの質問で更に斬《き》り込んできた。中邑はおどろき、禅床からとびおり、仰山の胸ぐらをつかまえ、「お前自身が仏性の全体じゃ。仏性と仏性の出会いじゃ」と叫んだという話が「本則」の全体である。

部屋の中に猿がいて応ずるというたとえはわかりやすいが、誤解を招きかねない。この体の中に梅干しの種のように仏性がある、と受けとめたくなる。体の中に仏性を持っている、というのではない。一つの体の中に、仏性と仏性でないものが混在しているというのではない。全体が仏性それ自身なのである。梅干しの種だけが仏性ではなく、梅全体が、更には木も花も葉も、全部が仏性なのである。私の中に仏性というものがあるのではなく、私の全体が仏性そのもの、仏の御生命《いのち》の全体なのである。

しかしながら、それに気づかず眠りこけているさまを「雪屋《せつおく》に凍眠《とうみん》」するという言葉で表し、春の気にもよおされて万象が動き出すように、仏性にめざめていきいきと働き出せと「頌《じゅ》」で語りかけている。

第七十三則　曹山孝満

衆《しゅ》に示《しめ》して云《いわ》く、草《くさ》に依《よ》り木《き》に附《つ》き去《さ》って精霊《しょうりょう》となり、屈《くつ》を負《お》び冤《えん》を銜《ふく》んで来《きた》って鬼祟《きすい》となる。之《これ》を呼《よ》ぶ時《とき》は、銭《せん》を焼《や》き馬《うま》を奏《すす》む、之《これ》を遣《や》る時《とき》は水《みず》を呪《じゅ》し符《ふ》を書《しょ》す。如何《いかん》が家門平安《かもんへいあん》なることを得去《えさ》らん。

挙《こ》す。僧《そう》、曹山《そうざん》に問《と》う、霊衣掛《れいえか》けざる時《とき》如何《いかん》。山云《さんいわ》く、曹山今日孝満《そうざんこんにちこうまん》。僧云《そういわ》く、孝満《こうまん》の後如何《のちいかん》。山云《さんいわ》く、曹山顛酒《そうざんてんしゅ》を愛《あい》す。

頌《じゅ》に云《いわ》く、清白《せいびゃく》の門庭《もんてい》四に隣《りん》を絶《ぜっ》す、長年関《ちょうねんとざ》し掃《はら》って塵《ちり》を容《い》れず。光明転《こうみょうてん》ずる処《ところ》傾《かたむ》いて月《つき》を残《のこ》す。爻象分《こうしょうわか》るる時却《ときかえ》って寅《いん》に建《けん》す。新《あらた》に孝《こう》を満《まん》ず、便《すなわ》ち春《はる》に逢《あ》う、酔歩狂歌堕巾《すいほきょうかだきん》に任《まか》す。散髪夷猶誰《さんぱついゆうたれ》か管係《かんけい》せん、太平無事酒顛《たいへいぶじしゅてん》の人《ひと》。

気づいたときおのずから縄はとける

「災難がつづくのであるところで見てもらったら先祖が祟っているというので、先祖の供養をして下さい」と云ってきた人に私は云った。

「ご先祖さまは子孫の幸せこそ願え、祟るはずはありません。それに祟られたくないための先祖供養なんて、そんなのは脅迫ですよ。そんな条件づきの供養などせず、純粋に報恩のための御回向をなさい。自分が今思うようにゆかないことを先祖の責任に転嫁したほうが気が楽だが、それでは根本的な解決にはならない。うまくゆかないことはすべて自分の責任と受けて立ち向うことです」と。昔から「失敗が人間を駄目にするのではなく、失敗にこだわる心が人間を駄目にする」といわれてきた。われわれは、病気になったら病気にこだわり、失敗したら失敗したという荷物を背負いつづけ、勉強したらしたということ、修行したらしたということに、しなければしないということに、しなければしないということに、氏素性がよければよいということに、悪ければ悪いということにこだわりつづけ、そのこだわりの心で自分をがんじがらめにしばりつづけている。

「執」（こだわり）が「障」（さわり）をひきおこすのであり、その「執」の縛からときはなたれたとき、心は安らかになり、自在のものの見方ができるようになるのである。「観世音」の「観」、「観自在」の「観」を「取相を破す」と説明された天台智者大師のお心を思うことである。

第七十三則「曹山孝満《そうざんこうまん》」では、この悲しみや苦しみや又は既成概念などにしばられて、動きのできない状態を喪中にたとえ、その喪から解放され、好きな酒をたのしみ、無碍《むげ》自在に生きるあり方を、あらまほしき姿のたとえとして説いている。

日本にあっても、親が亡くなると、たとえば四十九日の間を喪中といって外出などを控えたりする。中国ではその昔、親が死ぬと三年間は喪に服し、その間は一切の世間の営みから遠ざかり、身を慎んで親の冥福を祈る習慣があった。その喪に服している子を孝子《こうし》と呼び、三年間の喪をつとめ終わったことを孝満という。つまり孝行の期間が満ちた、終わったというのである。

一人の僧が曹山さまに「霊衣《れいえ》掛けざる時、いかん」と問うたのに対し、「曹山今日孝満」と答え、更に「孝満の後いかん」の質問に対し、曹山さまは「顚酒《てんしゅ》を愛す」と答えておられる。霊衣とは喪服のことで、「喪服を脱いだ気分はいかがですか」と質《たず》ねたのに対し、「三年の喪があけて自由になったようなものじゃ」と答え、「喪があけた後、どうなさいますか」の重ねての問に対し、「好きな酒をたのしみたいね」と答えた、というのである。

喪の話でも酒の話でもない。人生の旅路の中で起きてくるいろいろな問題、ときに思いもよらない病気にかかることもある。予定していたことが裏腹に出ることもある。既成概念にがんじがらめにしばられて動きがとれないこともある。その苦悩ゆえにこそ、よき師や教えに出会うことができ、その光に照らされることにより、しばられている自分に気付くもう一人の私が生まれ、別の視点からものが見えるようになる。

そのとき、おのずから自分をしばっていた縄はほどけ、身心ともに軽やかに、何のさわりもないこの天地に遊ぶことができるようになる。そんな境地を「酔歩狂歌《すいほきょうか》、堕巾《だきん》にまか」せて、春の一日をたのしむという頌《じゅ》で結んでいる。

第七十四則　法眼質名

衆《しゅ》に示《しめ》して云《いわ》く、富満徳《とみまんとく》を有《たも》って蕩《とう》として繊塵無《せんじんな》し。一切《さい》の相《そう》を離《はな》れて一切《さい》の法《ほう》に即《そく》す。百尺竿頭《しゃくかんとう》に歩《ほ》を進《すす》めて、十方世界《せかい》に身《み》を全《まっと》うす。且《しば》らく道《い》え甚麼《なん》の処《ところ》より得来《えきた》るや。

挙《こ》す。僧《そう》、法眼《ほうげん》に問《と》う、承《うけたまわ》る教《きょう》に言《い》えることあり、無住《むじゅう》の本《もと》より一切《さい》の法《ほう》を立《りっ》すと、如何《いか》なるか是《こ》れ無住《むじゅう》の本《もと》。眼云く、形《かたち》は未質《みしっ》より興《おこ》り、名《な》は未名《みめい》より起《おこ》る。

頌《じゅ》に云《いわ》く、没蹤跡《もっしょうぜき》、断消息《だんしょうそく》、白雲根無《はくうんこんな》し清風何《せいふうなん》の色《いろ》ぞ。乾蓋《けんがい》を散《さん》じて心《こころ》あるに非《あら》ず。坤与《こんよ》を持《じ》して力《ちから》あり。千古《こ》の淵源《えんげん》を洞《ほがらか》にし、万象《ばんしょう》の模則《もそく》を造《つく》る。刹塵《せつじん》の道会《どうえ》するや処処普《しょしょふ》賢《げん》、楼閣開《ろうかくひら》くるや頭頭弥勒《ずずみろく》。

幼な児が〝お母さん〟と呼ぶように

紅葉の美しい三河の奥の香嵐渓《こうらんけい》のほとりの寺へお話に行った。山田無文老師ゆかりの寺で、老師の書があちこちに掛かり、老師の生い立ちなど聞かせていただくことができた。

老師はこの更《さら》に山奥の武節という山村の出身で、お父さまは息子を裁判官か弁護士にしたくて、東京(早稲田)へ遊学させた。しかし「人生の目的は何か」に悩み出し、勉強も手につかず、あちこちの説教を聞いて歩き、とうとう親の反対を押し切り、寺の小僧に入ってしまった。

しかし無理がたたって結核となり、病院からも見放され、故郷へ帰り、離れの部屋に隔離され、絶対安静というので毎日寝ていた。三度の食事も使用人がそうっと入り口に置き逃げるように帰ってゆく。「みんなわしの死ぬのを待っとるんやな、わしはもう死ぬだけやな」と、絶望のどん底にあえいでいた。

ある夏の朝、久々に縁側に這《は》い出してみた。緑の深い木々の間を通ってきた風がスウッと胸の中に入った。とても気持ちがいい。ハッと気がついた。「空気がこの腐った肺の中まで入って、わたしを生かそうとしてくれている！」ということに。

「わたしは一人じゃなかった。孤独ではなかった。オギャアと生まれたその日から二十歳過ぎる今日まで、一秒間も休まずわたしを見守り、生かしつづけてくれていたじゃないか！」、そう気がついたとき、泣けて泣けて泣けて泣けて。そのとき一首の歌ができた。

大《おお》いなるものに
　抱かれあることを
　けさ吹く風の
　涼しさに知る

限りなく大きな働きに生かされている生命であることに気づかれた老師は、その日から立ちあがり、健康もとりもどされ、遂《つい》には臨済宗妙心寺派の管長や花園大学の学長までも務められた。

昭和五十四年、第一回東西霊性交流（カトリックと日本の禅との交流）の日本代表とし

て訪欧し、一ヶ月間修道院生活を経験したことがある。そのときの団長が当時妙心寺派の管長職におられた無文老師で、八十歳とは思えないお元気なお姿であったことがなつかしく思いおこされる。

無文老師が若き日、空気の存在を通して「おおいなるもの」の存在に気づき、その働きによって生かされている生命であることに気づかれた。その働きがあなたを生かし、わたしを生かし、鳥を鳴かせ花を咲かせ、この天地間の一切のものをつつみ、生かしてくれているのである。

その働きを、幼な児が〝お母さん〟と呼ぶように名をつけて呼びたい、眼に訴えて拝みたい、その切なる思いから象徴として現されたものが仏像であり仏の御名なのである。

柳宗悦氏が「仏トナ名モナキモノノ御名ナルニ」と語っておられるように、具体的姿を持たないからこそいつでもどこでもという天地いっぱいのお働きを、人間が願ったから人間の姿を借りて象徴的に表現したまでのこと。如来とお呼びする方は男のお坊さんの姿を借り、菩薩《ぼさつ》とお呼びする方はインドの貴婦人の姿を借り、しかも無限のお働きのためにいろいろの角度から沢山《たくさん》の名がつけられたまでのことで偶像ではない。

第七十四則「法眼質名《ほうげんしつみょう》」の本則では「無住《むじゅう》の本《もと》より一切の法を立す」とあるが、その「無住の法」とは何かという僧の質問に対し、法眼文益《ぶんえき》が「形は未質《みぜつ》より興り、名は未名《みみょう》より起る」と答えている。

具体的姿を持たない無限定のものであるからこそ、いつでもどこでもという在り方のもの（無住）、そこからこの天地間の森羅万象すべてのもの（一切の法）が生まれてくるというのであり、具体的な姿を持てばおのずから名前がつけられる、それが法眼の答えとなったのである。柳宗悦氏の「仏トナ名モナキモノノ御名ナルニ」そのままの答えといってよいではないか。

第七十五則　瑞巌常理

衆《しゅ》に示《しめ》して云《いわ》く、喚《よ》んで如如《にょにょ》となす、早《はや》く是《こ》れ変《へん》ぜり。智不到《ちふとう》の処《ところ》、切《せつ》に忌《い》む道著《どうじゃく》することを。這裏《しゃり》還《かえ》って参究《さんきゅう》の分《ぶん》ありや也《また》無《な》しや。

挙《こ》す。瑞巌《ずいがん》、巌頭《がんとう》に問《と》う、如何《いか》なるか是《こ》れ本常《ほんじょう》の理《り》。頭云《とういわ》く、動《どう》ぜり。巌云《がんいわ》く、動《どう》の時《とき》如何《いかん》。頭云《とういわ》く、本常《ほんじょう》の理《り》を見《み》ず。巌佇思《がんちょし》す。頭云《とういわ》く、肯《うけが》う時《とき》は即《すなわ》ち未《いま》だ根塵《こんじん》を脱《だっ》せず、肯《うけが》わざる時《とき》は永《なが》く生死《しょうじ》に沈《しず》む。

頌《じゅ》に云《いわ》く、円珠穴《えんじゅけつ》あらず、大璞《たいはく》は琢《たく》せず、道人《どうにん》の貴《たっと》ぶ所《ところ》稜角《りょうかく》無《な》し。肯路《こうろ》を拈却《ねんきゃく》すれば根塵空《こんじんくう》ず、脱体無依活卓卓《だったいむえかったくたく》。

生老病死が仏の姿

春は花夏ほととぎす
秋は月冬雪さえて
冷《すず》しかりけり

この道元禅師のお歌は川端康成がノーベル文学賞を受賞したとき、ストックホルムで受賞記念講演を行った、その冒頭に引用したので世界的に有名になったお歌である。しかしこのお歌が「本来の面目《めんもく》」というお題で詠ぜられたものであることは、意外に知られていないのではないか。

「本来」というのは耳なれた言葉に置きかえるならば「神」とか「仏」とか「真如《しんにょ》」「仏性《ぶっしょう》」となり、「面目」は「面目をほどこした」とか「面目まるつぶれ」などと使われるように、姿、形、中味といえよう。

つまり神、仏、又《また》は仏性と呼ばれているものの姿や中味が、春夏秋冬と移り変わり、春は花開き秋は実り、又は紅葉して散り冬は裸木となるというのである。これは仏の姿や中味を大自然の姿にたとえて語ったもので、人間の上に持ってくれば、生老病死と移ろい、あるいは愛する日あり愛が憎しみに変わる日あり、成功を喜ぶ日あり失敗に泣く日あり、一刻もとどまらず変転する姿の、そのすべてが他《ほか》ならない仏の姿、中味なんだというのである。

うっかりすると、仏とか神というと、お寺の本堂や仏壇の奥に金色燦然《さんぜん》としたお姿で鎮座ましまし、拝み方や供えものの多少で功徳を増やしたり減らしたりする、そんな影像を思い浮かべる人もあるのではないか。

そうではないのである。花を開かせたり散らせたりする働き、その同じ働きが人間を生老病死させ、又動物を飛ばせたり鳴かせたりする。その働きを象徴的に表したものが仏像であって、仏像は固定した実体のある偶像ではない。

ところが「仏性」とか「神」という言葉で表現してしまうと、とかく固定した存在を頭に描きかねない。そうではない。一瞬もとどまらず動きづめに動き、働きづめに働いているもの、一輪の花を刻々にうつろわせ、一人の人間も一刻もとどまらず老いに向かって歩みを進めさせている、その働きそのものが「仏性」なんだということを忘れてはならない。

そのおかしやすいあやまちに気づかせようとしたのが第七十五則「瑞巌常理」の話である。ある日瑞巌和尚が「如何《いか》なるか本常《ほんじょう》の理」――永遠不変の仏の姿とは？――と質問してきたのに対し師の巌頭《がんとう》は「動ぜり」と答えている。つまり「動きづめに動いているものなんだよ」というのである。「本来の面目は？」と問われ、「春は花夏ほととぎす」と答え、「人間も生老病死と一刻もとどまらず変化しつづけている。それが仏の姿なんだ」と語っているのと全く同じではないか。

神や仏というものが華開落葉《けかいらくよう》とか生老病死という現実の働きの外にあるのではない。一つのものを二つの角度から呼んだまでのことであるから、一方を呼べば一方は隠れる。たとえば水と波のように。水といったら波はその中に隠れ、波といったら水とわざわざ云《い》う必要はない。そこのところを更《さら》に「本則」では瑞巌が「動の時如何《いかん》」と質《たず》ねるのに対し、巌頭は「本常の理をみず」と、つまり春夏秋冬とか生老病死という変化して止まらない動の角度から光を当てたら、それが仏の姿なんだからその他に仏の姿を見ることはできない、波の角度から光を当てたら波しか見えない、その外に水があるんじゃない、と答えている。

かつて余語翠巌《よごすいがん》老師が「尼僧堂の堂長さんは青山さんで、堂長さんと青山さんと二人あるわけじゃない。青山さんと呼べば堂長さんが出てくる、堂長さんと呼べば青山さんが出てくる。そんなようなものじゃ。一方を呼べば一方は隠れる。二つ別のものがあるわけじゃない」と語られたことが思い出される。

第七十六則　首山三句

衆《しゅ》に示《しめ》して云《いわ》く、一句《く》に三句《く》を明《あか》し、三句《く》に一句《く》を明《あか》す。三一相渉《あいわた》らず、分明《ふんみょう》なり向上《こうじょう》の路《みち》。且《しば》らく道《い》え那《なん》の一句《く》か先《さき》に在《あ》る。

首山《しゅざん》、衆《しゅ》に示《しめ》して云《いわ》く、第《だい》一句《く》に薦得《せんとく》すれば仏祖《ぶっそ》の与《ため》に師《し》となる。第《だい》二句《く》に薦得《せんとく》すれば人天《にんでん》の与《ため》に師《し》となる。第《だい》三句《く》に薦得《せんとく》すれば自救《じぐ》不了《ふりょう》。僧云《そういわ》く、和尚《おしょう》は是《こ》れ第幾句《だいいくく》に薦得《せんとく》するや。山云《さんいわ》く、月落《つきお》ちて三更《こう》、市《いち》を穿《うが》って過《す》ぐ。

頌《じゅ》に云《いわ》く、仏祖《ぶっそ》の髑髏《どくろ》一串《かん》に穿《うが》つ、宮漏《きゅうろ》沈沈《ちんちん》として密《みつ》に箭《せん》を伝《つた》う。人天《にんでん》の機要《きよう》千鈞《きん》を発《はっ》す、雲陣《うんじん》輝輝《きき》として急《きゅう》に電《でん》を飛《とば》す。箇《こ》の中《うち》の人《ひと》転変《てんぺん》を看《み》よ、賤《せん》に遇《あ》うては則《すなわ》ち貴《き》、貴《き》には則《すなわ》ち賤《せん》。珠《たま》を罔象《もうぞう》に得《え》て至道《しどう》綿綿《めんめん》たり。刃《やいば》を亡牛《ぼうぎゅう》に游《あそ》ばしめて赤心片々《せきしんへんぺん》たり。

紅葉が秋の姿であるように、私という姿で仏の生命を生きる

真紅《しんく》のどうだんつつじによりそうように、枝垂《しだ》れ桜がその葉をとりどりに染めあげ、その背後に黄葉の銀杏《いちょう》がそそり立ち、足もとには茶褐色の朴葉《ほおば》がカサコソと音たてて舞い落ちている。澄みとおった初冬の空を背景に柿が赤くみのり、その彼方《かなた》には初冠雪のアルプスの峰々が連なる。

みごとな一幅の絵を見る思いであかず眺めながら思う。それぞれが晩秋、初冬の景色を、それぞれの姿で演出している。晩秋、初冬の景色という点では皆一つ。一つの秋を、どうだんは真紅に、銀杏は黄に、朴葉は茶色にと、それぞれ違った姿で演出している。

やがて春になれば、一つの春の働きをいただいて、梅や桜は丈高く、すみれやタンポポは低く、しかも紫や黄と、それぞれの姿で演出するように。

秋という一つの働き、春という一つの働き、仏の御生命《いのち》という一つの働きをいただいて、

53　第七十六則　首山三句

あなたがあり私があり、犬猫や草木がある。

春や秋というものが別にあって、紅葉や銀杏を彩り、梅や桜を咲かせているのではない。梅や桜が春の顔であり、木々の紅葉が秋の姿そのものであり、眼前に広がる景色はただ一つ。分けようのないものに二つの角度から光をあてたまでのこと。『般若心経』の言葉を借りるならば、春とか秋という具体的姿を持たない方を「空《くう》」と表現し、銀杏とか梅というような具体的な姿を持ったものを「色《しき》」と呼び、「色即是空《しきそくぜくう》」と、一つのものの二つの呼び名と語りかける。

一つのことを三段構えで説こうとする、思想的にいうと弁証法的な説き方が、古来よく行われてきた。第七十六則「首山《しゅざん》三句」も、それに通うものといえよう。

「本則」では首山和尚が修行僧に次のように語りかけている。

「第一句が自分のものになると仏や祖師方の師となることができよう。第二句が自分のものになると人間界や天上界の師となることができよう。第三句が自分のものになると自分のことのように他を救うことに専念するようになるであろう（意訳）」と。

一句二句三句とあるが、その句の中味が何なのかは語っていない。

理解のたすけとして雲門《うんもん》が修行僧を説得する手段とした三句と照らしあわせてみよう。

雲門の第一句は「函蓋乾坤《かんがいけんこん》」―絶対の真理が天地間に充満していること―つまり全仏性の世界のことで、それが自分のものとなれば仏祖の師となれよう。第二句は「截断衆流《せつだんしゅうる》」―学人の煩悩や妄想を断ずること―全仏性の世界にめざめないために起きる煩悩妄想を、仏性への自覚によって、その流れを断ち切る、というよりも仏の方向へと転じさせる。第三句は「随波逐浪《ずいはちくろう》」―学人の個性に従って闊達無礙《かったつむげ》な指導をすること―相手の機根に応じ、無限の対応をしてゆく老婆心といえよう。

宏智正覚《わんししょうかく》禅師はこの第三句に対して「賤《せん》に遇《お》うては則《すなわ》ち貴《き》、貴には則ち賤」と頌《じゅ》しておられる。『法華経《ほけきょう》』に登場する他国聆跰《れいへい》の窮子《ぐうじ》の物語が、この頌の背景となっている。

むかし長者の一人息子が故郷を離れてさまよい歩き、物乞《ものご》いとなり果て、わが家とも知らず門に立った。父はわが子であることを知り、家に招き入れようとするが窮子は怖《おそ》れて逃げてしまう。そこで長者は一計を案じ、使用人に物乞いの姿をさせてわが子に近づかせ、親しくなったところで〝長者の家で使ってもらおう〟と誘わせ、下働きから次第に育てあげ、最後に長者の一人息子であることを知らしめ財産を相続させたという物語である。

もとより天地いっぱいの仏の御生命をいただいている（貴）わが身であることに気づか

ず、さまよっている凡夫（賤）を窮子に例え、物乞いの姿にまで身を堕《お》として息子を救おうとした父の老婆心は、まさに雲門の「随波逐浪」の心といえよう。

第七十七則　仰山随分

衆《しゅ》に示《しめ》して云《いわ》く、人《ひと》の空《くう》に画《えが》くが如《ごと》き、筆《ふで》を下《くだ》せば即《すなわ》ち錯《あやま》る。那《なん》ぞ模《も》を起《おこ》して様《よう》を作《な》すに堪《た》えん、甚麼《なに》を為《な》すに堪《た》えんや万松已《ばんしょうすで》に是栓索《これせんさく》を露《あら》わす、条《じょう》あれば条《じょう》を攀《よ》じ、条無《じょうな》ければ例《れい》を攀《よ》ず。

挙《こ》す。僧《そう》、仰山《きょうざん》に問《と》う、和尚還《おしょうかえ》って字《じ》を識《し》るや否《いな》や。山云《さんいわ》く、分《ぶん》に随《したが》う。僧乃《そうすなわ》ち右旋《うせん》一匝《そう》して云《いわ》く、是《こ》れ甚麼《なん》の字《じ》ぞ。山《さん》、地上《ちじょう》に於《お》いて箇《こ》の十字《じ》を書《しょ》す。僧左旋《そうさせん》一匝《そう》して云《いわ》く、是《こ》れ甚麼《なん》の字《じ》ぞ。山、十の字《じ》を改《あらた》めて卍《まん》の字《じ》となす。僧《そう》一円相《えんそう》を画《えが》いて両手《りょうて》を以《もっ》て托《ささ》げて修羅《しゅら》の日月《じつげつ》を掌《たなごころ》にする勢《いきおい》の如《ごと》くにして云《いわ》く、是《こ》れ甚麼《なん》の字《じ》ぞ。山乃《さんすなわ》ち円相を画《えが》いて卍字《まんじ》を回却《いきゃく》す。僧乃《そうすなわ》ち楼至《るし》の勢《いきおい》をなす。山云《さんいわ》く、如是如是《にょぜにょぜ》、汝《なんじ》善《よ》く護持《ごじ》せよ。

頌《じゅ》に云《いわ》く、道環《どうかん》の虚盈《きょみつ》ること靡《な》し、空印《くういん》の字《じ》未《いま》だ形《あらわ》れず。妙《みょう》に天輪《てんりん》地軸《ちじく》を運《めぐら》し、密《みつ》に武《ぶ》緯文経《いぶんけい》を羅《つ》らぬ。放開捏聚《ほうかいねつじゅ》、独立周行《どくりつしゅうぎょう》。機《き》、玄枢《げんすう》を発《はっ》して青天《せいてん》に電《でん》を激《げき》す。眼《まなこ》に紫光《しこう》を含《ふく》んで白日《はくじつ》に星《ほし》を見《み》る。

描けないところを円相で表す

還暦の年のことであるから、そろそろ十八年も前のことになる。新しく建てた茶室の小《こ》間《ま》への露地（茶庭）の蹲踞《つくばい》（席入りの前に手と口を浄《きよ》めるところ）に水琴窟《すいきんくつ》の寄進があった。蹲踞の下に瓶《かめ》を埋めこみ、筧《かけい》の水や手を洗った水が空洞の瓶の中で反響する、その音色をたのしもうというのである。文字通り水の奏でる琴の調べとは、何としゃれた呼び名をつけたものか。

素焼きの半鐘型の瓶を地中に埋めるに先立ち私はその円型の底に一円相を描き、中に

「環中虚《かんちゅうきょ》」と書いた。永遠に誰の目にも触れることなく地中深く埋めこまれる瓶に対し、何か手をあわせて祈りたいような思いにかられつつ。「環中虚」というのはカラッポということである。

瓶の中がカラッポだから水が入り、カラッポだから反響して琴の音色を出すことができる。器もカラッポだから料理が盛れ、心もカラッポだからどんな人の言葉も素直に聞くことができる。

ある方から一円相に何か言葉を添えてくれとたのまれ、「どことてみ手の真中《まなか》なる」と柳宗悦さんの言葉を書いてさしあげたことがある。円相を天地いっぱいの仏の御手にたとえ、どんなことがあっても、たとえ自分がそのことに気づいていなくても、その御手の只《ただ》中《なか》での起き臥《ふ》しなんだよ、というのである。

飄逸《ひょういつ》な禅風と書画でその名を後世に残した博多の仙厓さん（江戸後期）に、「これ食うて茶のめ」と賛の入った円相がある。文字面は円相を饅頭《まんじゅう》に見立てたものであろうが、禅門の世界で「茶を飲め」とか「饅頭を食え」というのは、単なる茶でも饅頭でもなく、円相が象徴する天地宇宙の真理や、それを教えとして説き出した仏法という茶を飲みほせというのである。

第七十七則「仰山随分《きょうざんずいぶん》」では、天地宇宙が語りかける言葉をどう聞き、どう表現するか、というようなことがテーマの中心となっている。

「示衆《じしゅ》」の冒頭に「人の空《くう》に画《えが》くが如《ごと》き筆を下さばすなわち錯《あやま》る」の一句が出てくる。昔、中国の晋の国の殷浩が讒言《ざんげん》されて官を退けられ、終日空に向かって「咄々怪事《とつとつかいじ》」の四字を書いたという故事から出た語であるという。空に向かってどんなに画いても画けるものではないが、この「空に画く」を「空を画く」と読みかえると大きく意味が変わってくる。又《また》「空を画く」と読んだほうが、この言葉を受ける「筆を下さばすなわち錯る」の言葉にぴったりと続く。

「空」は大空、青空などの「そら」ではなく、又カラッポでもなく、「色即是空《しきそくぜくう》」の「空」、つまり天地宇宙の限りない働きを象徴した言葉である。

天地の働き、その中で生かされている人の命の姿などというものは、言葉で表現することも、文字や絵で書きあらわすこともできるものではない。たとえば、料理の味も花の香りも言葉では表現できないように。一人の人を写真に撮っても、それはその人の一瞬を切

61　第七十七則　仰山随分

りとってきただけのことであって、事実は瞬間にすり抜けてしまっているように。生き生きと動きどおしに動いている事実を、事実のままに描き出すことは不可能であり、絵なり言葉なりにあらわしたら既に事実とは遠いものになってしまう。その語ることも画くこともできないところを、あえて円相という形で画いてみたが、すでにまちがいを犯してしまったわい――「万松已《すで》にこれ詮索《せんさく》を露《あら》わす」――と「示衆」の中で、万松老人は語っている。万松老人のため息が聞こえるようである。

天地の声をどう聞き、読みとるか

裸木となった木々の根もとに、カサコソと音をたてながら木枯らしに吹きよせられている落ち葉を見ていると、大智《だいち》禅師の「無情説法の話《わ》」と題する詩の一節が浮かんでくる。

無情説法有情《うじょう》聴く
風寒林を攪《みだ》して

葉庭に満つ

仏教では草木や山河や瓦礫《がれき》などを無情と呼び、人間や動物など意識のあるものを有情と呼んでいる。草木や山河の語りかける天地のまことの道理を、意識をもった人間が聞く、というのである。

道元禅師は『辦道話《べんどうわ》』の中で「広大の文字は万象にあまりてなおゆたかなり」と示され

二宮尊徳翁は、

色もなく香もなく
　つねに天地は
　　書かざる経を
　　　くり返しつつ

と詠じた。同じ心を語ったものといえよう。

言葉や文字が先にあったのではない。まずは天地の働き、人の生命のいとなみがあり、それを説明する言葉が生まれ、その言葉を表記する文字が考え出されたのである。

柚子《ゆず》があり、夏は白い花を咲かせ、やがて黄色い実をつけ、料理に使ったり柚子湯として冬至などに珍重されるという働きがあるという事実があり、その事実に「柚子」という名をつけたり働きを説明する言葉が生まれ、表記する文字が考案された。言葉や文字はどこまでも事実から派生した影にすぎない。

内山興正老師がよくおっしゃった言葉に「火という言葉が事実なら、火といったとたんに口が火傷《やけど》するはずだし、又《また》紙に火と書いたら紙が燃え出すはず。どんなに火と云《い》っても書いても、口は火傷もしないし紙も燃えやしない。火という観念と火という事実とは違う。観念の世界だけでわかったつもりになっていてはいけない」というお言葉がある。

第七十七則「仰山随分《きょうざんずいぶん》」の「本則」では、この天地の語りかける言葉や文字をどう読むかを課題として展開する。

一人の僧が仰山に「あなたは文字が読めるか」と質《たず》ねる。この僧の問いかける文字は、われわれが点や線で描くいわゆるの文字ではなく、文字の原点となった天地宇宙が語り、又書き続けている文字が読め、声が聞こえるか、というのである。

仰山は「分相応に知っている」と答えた。すると僧はグルリと右に身を転じて「これは何の文字か」と問う。仰山は地上に十の字を書いて答えとした。次に僧は身を左に転じて

「この文字は何と読むか」と問い、仰山は十字を卍《まんじ》に改めた。僧は更《さら》に円相を描いて阿修《あしゅ》羅《ら》が月を手のひらに乗せたような勢いをして「これは何という文字か」と問う。仰山は卍を円相で囲んだ。最後に僧は仁王様のような姿をとってみせた。仰山は「よしよし、よく法を護持せよ」と云った、というのが二人の間にかわされた問答の全体である。

仰山が十と読み卍と改め、それを更に円相で囲んだ。その心をどう読むか。いずれも象徴的表現であるため、人それぞれの受けとめがあってよい。私もあえて私なりに読みとってみよう。

最初に僧は右まわりをした。インドでは仏や貴人に対する礼として右遶《うにょう》三匝《さんそう》する。この儀礼は今日まで仏門に相続されている。上下、賓主《ひんじゅ》の順も歴然として独立無伴《むばん》の姿を十の文字で表したといえよう。又「頌《じゅ》」の「武緯文経《ぶいぶんけい》」——縦糸と横糸——という言葉と照合すると、無限の時間と無限の空間のその働きのすべてをいただいて個々の生命があるともいただける。

次に僧は左まわりをした。右まわりが独立無伴を意味するのに対し左旋《させん》（左まわり）は円融無礙《えんゆうむげ》を意味する。全部がひとつながりに賓主互換し、相即相入《そうそくそうにゅう》している姿を現す。又卍は日本では寺を象徴するが、インドでは太陽のめくるめく光と、その働きを象徴したもので、ヒンズーの寺の瓦などにも卍が彫りこまれていたことを記憶している。最後にその卍を円相で囲んだ。すべてが無辺際の仏の御手の只中《ただなか》でのいとなみなんだということではなかろうか。

第七十八則　雲門餬餅

衆《しゅ》に示《しめ》して云《いわ》く、綩天《ばんてん》に価《あたい》を索《もと》むれば搏地《はくち》に相酬《あいむく》う、百計経求《けいけいきゅう》一場《じょう》の懡㦬《もら》、還《かえ》って進退《しんたい》を知り休咎《きゅうきゅう》を識《し》る底《てい》ありや。

挙《こ》す。僧《そう》、雲門《うんもん》に問《と》う、如何《いか》なるか是《こ》れ超仏越祖《ちょうぶつおっそ》の談《だん》。門云《もんいわ》く、餬《こ》餅《びょう》。

頌《じゅ》に云《いわ》く、餬餅《こびょう》を超仏祖《ちょうぶっそ》の談《だん》と云《い》う、句中《くちゅう》に味無《あじわいな》し若為《いかん》が参《さん》ぜん。衲僧《のうそう》一日《じつ》如《も》し飽《あ》くことを知《し》らば、方《まさ》に見《み》ん雲門《うんもん》の面慚《おもては》じざることを。

背比べせずに私が私に落ちつき私の花を咲かせる

トマトがトマトで
　あるかぎり、
それはほんもの。
トマトをメロンに
見せようとするから
　にせものとなる。
これは相田みつをさんの詩である。同じく相田さんの詩に、
どじょうがさ、
金魚のまねすること
　ねんだよなあ。

というのがある。トマトよりメロンの方が上等という人間の価値観をかなぐり捨て、トマトがトマトに、私が私にと、天地からの授かりの姿に落ちつき、授かりの働きを十分に発揮して生きる、それが生命輝いて生きるということなのである。

三百年つづいた中国・唐代の栄華にも滅びの影がきざし、宋代に移行する狭間《はざま》の五十年間、五王朝十国が興亡を繰り返した。その間を生きた禅僧に雲門文偃《うんもんぶんえん》（八六四－九四九）がある。雲門宗の祖となった人である。道元禅師はこの雲門をたたえて『正法眼蔵《しょうぼうげんぞう》』光明の巻の中で「雲門山に光明仏が出世」されたと語り、雲門の次の語を引用しておられる。

「人々尽《ことごと》く光明の在る有り。看《み》るとき見えず暗昏々《あんこんこん》。作麽生《そもさん》か是《こ》れ諸人の光明在。衆対《こた》うるなし。自ら代って云く。僧堂《そうどう》・仏殿《ぶつでん》・厨庫《ずく》・三門《さんもん》」

「一人一人どの人にも光明がある。しかし看ようとすると見えない。暗黒の中だ。いったいどのように諸君の光明は輝いているか」の雲門の問いに対し、誰も答えることができない。そこで雲門が代わって「僧堂・仏殿・厨庫・三門」と答えたというのである。又《また》別のところでは「天は是れ天、地は是れ地、水は是れ水」、これが人々の光明だと説いている。つまり僧堂が僧堂の働きをし、厨庫（台所）が厨庫としてあるべきところにあってその働きをし、山が山の、川が川の働きを十分に果たし得た時、それがそれぞれの光明三昧《ざんまい》の姿だというのである。

第七十八則「雲門餬餅《こびょう》」の本則で「いかなるか是れ超仏越祖《ちょうぶつおっそ》の談」と一人の僧が質問してきたのに対し、雲門は一言「餬餅」と答えている。「仏も祖師も越えたところ」というのは、「仏や祖師がこの世に出られる前」といいかえることも、又は「仏や祖師が見出《みいだ》された天地の姿、人間の手垢《てあか》のつかない源点の姿」といいかえることもできよう。それは何かというのである。

それに対する雲門の答えが「餬餅」の一句である。「餬餅」というのは胡麻《ごま》で作った餅《もち》ということであるが、別に胡麻餅でなくてもよいのである。

雲門は別のところで「いかなるかこれ仏」と問われ「乾屎橛《かんしけつ》」、つまり糞《ふん》かきべらと答え、雲門の弟子の洞山守初《とうざんしゅしょ》は「麻三斤《まさんぎん》」と答えているように。たまたま目の前に胡麻餅があったのであろう。あるいはお便所から出てきたところであったり台所で麻の実を料理に使うべくはかっていたのかもしれない。何でもよい。すべてそのものがそのものとしてそこに存在し、そのもの本来の働きをしている、すみれがすみれとして、背比べせず、すみれの花を十分に咲かせ、バラがバラの花を咲かせている、そこに光明が輝くというのである。

第八十二則「雲門声色《しょうしき》」の頌《じゅ》の最後に「三千界に浄光明を放つ」の一句が出てくる。三千界に光明を放つといっても、ピカピカと電光のように光るわけではなく、トマトがトマトに、メロンがメロンに、山が山に、川が川に、私が私におちつき、時・処・位に応じた働きができる。それを浄光明を放っている姿だというのである。

釈尊の観《み》つめたところを観つめよ

二月末から三月初め寒風の中に咲く梅を見ると思い出す心象風景がある。人が生きてゆくための営みのすべてを奪われ、廃墟《はいきょ》と化した町、その荒涼とした瓦礫《がれき》のあちこちに、何事もなかったかのように梅が白や紅の花を咲かせている……。

十六年前の平成七年一月十七日早暁、マグニチュード7・2という激震が阪神を襲った。

尼僧堂の雲水達《たち》を交代で炊き出しボランティアに派遣していたので、その見舞いも兼ね、二月の末、私も現地を訪れた。被災者の一人だというタクシーの運転手が、瓦礫の山に咲く梅を見ながら語りかけてきた。

「何千年と人類が積みあげてきた文化が、一瞬にしてみごとに崩壊し去りましたなあ。そこへゆくと草木たちは強いですな。一本も倒れていないばかりではなく、倒れてきた家を支えながらビクともせず芽吹き、花を咲かせているじゃないですか。自然に随順して生きているからいいんでしょうなあ」

「神様から授かった人間の移動の速度は、四キロ一時間、つまり一里を一時間かけて移動するというものです。それを時速一〇〇キロで移動しようというんだから無理ですわな。大自然の摂理にさからって無理をした分だけ、一気に粉砕されたというわけですな」

帰りの電車の中、私はしきりに運転手の言葉を反芻《はんすう》しながら思った。地球は人類だけのものではなく、そこに住む動植物、すべての共有の住居であるのに、つねに人類優先の、それも欲望の満足という方向にのみに暴走しつづけ、その方向での分別や価値観を間違いのないものとして振りまわしてきた。そのために地球環境を破壊し、多くの動植物を絶滅の危機に追いこんでいる。この度の大震災は、そういう人類の在り方に対し、大自然からの、換言すれば神や仏からの警鐘と受けとめるべきではないか、と。

南北朝時代、楠木正成と共に終生、後醍醐天皇に忠誠を尽くした武将に、九州・肥後の菊池一族がある。その菊池氏が弟子の礼をとった参禅の師に大智祖継《だいちそけい》という方がおられる。この大智禅師の「仏誕生」と題する偈《げ》の結句《けっく》に「雲門《うんもん》の一棒みだりに行ぜず」という一句がある。

雲門が「釈尊が誕生されたとき、そこにもし自分がいたら、一棒のもとにたたき殺してやる」と語ったのを指し、「私はそんな手荒なことはせず、生けどりにしてよく吟味しよう」というのである。それは何も釈尊そのものを指しているのではなく、釈尊の教えにしばられ、後世の者が自在な働きが出来なくなっていることを、更《さら》には人間がさまざまなる分別、価値観をもてあそび、それを積みあげ振りまわし、しばられて来たことへの警鐘として、象徴的にうたいあげたものといえるのではなかろうか。

釈尊や歴代祖師が見つめたものは、何ものにもしばられない、人間の分別の手垢《てあか》の全くついていない天地の働き、その中で、天地の働きのままに生かされている人間の生命の営みそのものではなかったか。透徹した眼でそれを凝視し、その声を聞き、それにしたがって今ここを生きよと、そこに生まれたのが他《ほか》ならない教えである。

見つけ出したその人と、その教えを終着点とせず、その人や教えに導かれながらも、その人の見すえたところをじかにみつめ、じかにその声を聞け、というのが、第七十八則「雲門餬餅《こびょう》」の「本則」で語ろうとしている「超仏越祖《ちょうぶつおっそ》」──仏を超え祖を越える──ということではなかろうか。人間の分別とは無縁のところで、天地も、そしてこの生命も存在し、動いている。人間の思いとは関係なく雨が降り風が吹くように、人間の願いとは関係なく生老病死があるように。その存在をそこに提示してみせる、それがこの則ではたまたま餬餅であったということではなかろうか。

第七十九則　長沙進歩

衆《しゅ》に示《しめ》して云《いわ》く、金沙灘頭《きんしゃだんとう》の馬郎婦《ばろうふ》、別《べつ》に是《こ》れ精神《せいしん》、瑠璃瓶裏《るりびょうり》に餈餻《じこう》を擣《つ》く、誰《た》れか敢《あえ》て転動《てんどう》せん。人《ひと》を驚《おどろ》かす浪《なみ》に入《い》らずんば意《い》に称《かな》う魚《うお》に逢《あ》い難《がた》し。寛行大歩《かんこうたいほ》の一句作麼生《そもさん》。

挙《こ》す。長沙《ちょうしゃ》、僧《そう》をして会和尚《えおしょう》に問《と》わしむ、未《いま》だ南泉《なんせん》に見《まみ》えざる時《とき》如何《いかん》。会良久《えりょうきゅう》す。僧云《そういわ》く、見《まみ》えて後《のち》如何《いかん》。会云《えいわ》く、別《べつ》に有《あ》るべからず。僧《そう》、廻《かえ》って沙《しゃ》に挙似《こじ》す。沙云《しゃいわ》く、百尺竿頭《しゃくかんとう》に坐《ざ》する底《てい》の人《ひと》、然《しか》も得入《とくにゅう》すと雖《いえど》も未《いま》だ真《しん》と為《な》さず、百尺竿頭《しゃくかんとう》に須《すべか》らく歩《ほ》を進《すす》むべし、十方《ぽう》世界《せかい》是《こ》れ全身《ぜんしん》。僧云《そういわ》く、百尺竿頭如何《しゃくかんとういかん》が歩《ほ》を進《すす》めん。沙云《しゃいわ》く、朗州《ろうしゅう》の山《やま》、澧州《れいしゅう》の水《みず》。僧云《そういわ》く、不会《ふえ》。沙云《しゃいわ》く、四海《かい》五湖王化《こおうか》の裏《うち》。

頌《じゅ》に云《いわ》く、玉人夢破《ぎょくじんゆめやぶ》る一声《せい》の鶏《にわとり》、転眄《てんめん》すれば生涯色色斉《しょうがいしきしきひと》し。有信《ゆうしん》の風雷出蟄《ふうらいしゅっちつ》を催《もよお》し、無言《むごん》の桃李《とうり》自《おのず》から蹊《こみち》を成《な》す。時節《じせつ》に及《およ》んで耕犂《こうり》を力《つと》む、誰《たれ》か怕《おそ》れん春疇《しゅんちゅう》脛《けい》を没《ぼっ》する泥《でい》。

気づくか気づかないかで、開かれる世界は大きく変わる

二十四歳で頸椎《けいつい》を損傷し、手足の自由を全く失った星野富弘さん。その苦しみの故にこそ神と出会うことができ、手足の自由を失ったからこそ聞こえ、見えてきた花や鳥たちのささやきや天地からの語りかけを、詩や絵として描きつづけておられる。口に筆をくわえて。

手足の自由がきくばかりに、そのことは当たり前としか受けとめることができず、まして草木や天地の声も聞こえず、自分の努力の足りないことは棚にあげて、不器用を歎《なげ》く自分の愚かさを、富弘さんの詩や絵に出会うたびに気づかせられてきた。その一つ。

手足が全く使えないため、お母さまや奥さまが富弘さんの両手両足になってさしあげねばならない。たとえばわれわれが食事をするときのことを考えてみよう。無意識に右手で

箸《はし》をとり、左手に茶碗《ちゃわん》を持ち、御飯を口へ、茶碗を汁椀《しるわん》なりお惣菜《そうざい》の器に持ち替え、右手でお惣菜を口へと、一つ一つの動作を全く意識にのぼらせることなく自然に行っているであろう。その動きのすべてを言葉に表現しようとすると、途方もなく大変なことになる。

ある日、富弘さんは食事のとき、一つ一つ云《い》うことを止《や》めて黙っていたという。奥さまが二人の口へ食べ物を運ぶわけであるが、手は無意識に御飯やお惣菜を交互にはさんでは口へ運ぶ。気がついたら御主人の富弘さんの口へは御飯ばかり運び、奥さまはお惣菜ばかり食べていたという。

太平洋戦争でシベリアに抑留され、凍傷のため両足切断を余儀なくされて帰国された小沢道雄《どうゆう》老師（足無し禅師）が、義足で行脚されたときのことを次のように語られた。

「右足、左足、右足、左足と、一歩一歩を意識して運ばないと足がもつれる。他人の歩速に負けまいとあせったり、よそごとを考えたりしても足が乱れる」

特に障害を持たない限り、われわれは全く無意識に両足を交互に出しているし、食事のときもほとんど無意識に両手を動かして食べ、飲みしている。たとえば生まれたばかりの赤ん坊が、誰に教えられなくてもお母さんのオッパイに吸いつくように、天地からの授かりの働きは、はじめから絶妙に調和しているものなのである。

しかし、そのことに気づかずにいると、すべて当たり前のことであり、逆に当たり前のところからは不平や愚痴しかこぼれない。ひとたびその授かりの働きに気づかせてもらうことができたとき、その働きのすばらしさに只驚《ただ》くばかりであり、手をあげるたび、足をおろすたびに喜びがあふれるのではなかろうか。

第七十九則「長沙進歩《ちょうさ》」の「本則」で、一人の雲水が会和尚《えおしょう》に「南泉和尚《なんせん》にお会いする前と後と、どう違いますか」と質問したのに対し、「別にどうということはない」と答えているところがある。

一生という旅路の中で、この人と思う人に出会い、あるいは教えに出会うことで、天地の道理にめざめ、自分の生き方も決定するということはある。人や教えに会おうと会うまいと、それによって天地の道理に気づこうと気づくまいとにかかわらず、夜と昼は交互に訪れ、左右の足も交替に前後し、眼は横に鼻は直《たて》にと、天地の姿に変わりはない。

変わりはない天地の姿を、見る側に見る眼、聞く耳が開けていなければ、灰色の無感動な存在でしかない。ひとたび師や教えに出会うことでその働きのすばらしさにめざめて見れば、一つ一つが燦然《さんぜん》と光明を放つ世界として眼に映じてこよう。「バラの木にバラの花咲く、何事の不思議なけれど」と云ったのは、北原白秋であったか。バラの木にバラの花が咲くという事実に変わりはないけれど、それを当たり前と受けとめるか不思議と受けとめるかで、そこに開かれる世界は大きく違ってくるのである。

百尺竿頭さらに一歩を進めよ――捨て身の働き――

西施《せいし》、王昭《おうしょう》、あるいは楊貴妃《ようきひ》などは、中国の歴史上にその名を残す美人の代表ともいうべき人々であるが、それらにも劣らない絶世の美人が、唐代の憲宗皇帝の頃《ころ》、金沙灘《きんしゃだん》という処《ところ》にあらわれた。

多くの男性が競って求婚してきたので、一人にしぼるために次々と条件を出す。まずは「一晩で『観音経』をそらんずることができた者のところへゆこう」と。ところが二十人がおぼえてきた。次には「一晩で『金剛経』をおぼえた者のところへゆこう」と。『金剛経』は『観音経』より何倍か長いお経であるが、これも十人がおぼえてきた。最後に「『法華経《ほけきょう》』二十八品《ほん》をおぼえてこい」と。『法華経』二十八品は、相当な早さで読誦《どくじゅ》しても六、七時間はかかる。それを馬氏《ばし》の息子が一人おぼえてきた。そこで約束通りこの馬氏の息子と結婚式をあげることになる。いよいよ結婚式という当日、命がけの努力の果てにようやく幸せを手に入れようとするその瞬間、結婚式の最中に花嫁は気分が悪いと別室にさがり、そのまま死んでしまう。天をあおぎ地にふしての悲しみの中で葬儀をすませて埋葬したところへ一人の旅僧があらわれ、埋葬した墓を掘ったところ遺体はなく金色燦然《さんぜん》とした骨がそこに残っていた。「これは観音の化身。あなたや此《こ》の土地の人々に仏法との縁を結ばしめんがために、馬氏の嫁となって示現し、更《さら》に死をもって無常の生命をさとらしめんとしたのだ」という言葉を残して、旅僧は虚空に消えた。これよりこの地方に仏法が広まり、観音霊場として今日に名を残しているという。第七十九則「長沙進歩《ちょうさ》」の「示《じ》衆《しゅ》」の初めに登場する「金沙灘頭《だんとう》の馬郎婦《ばろうふ》、別に是《こ》れ精神」の一句の背景がこれである。『観音経』には三十三応化身《おうけしん》の姿が語られている。国王を済度するためには国王の姿となり、大臣を済度するときは大臣の姿となり、病人を済度するときは病人の姿となり、子供

を済度するときは子供の姿となり……。百人に百人の姿となり、千人に千人の姿となり、喜びや悲しみを共にしながらお救い下さる観音の慈悲の働きで、三十三というのは数字ではなく、無限大を意味する。

観音さまが観音さまの座、仏の座にすわりこんでいず、観音の座を下り、観音であることも打ち忘れ、「出会うところわが生命」と相手になりきっての働きを例としてとりあげ「本則」では長沙景岑《けいしん》禅師が次のように示しておられる。

「百尺竿頭《かんとう》に坐《ざ》する底《てい》の人、しかも得入《とくにゅう》すといえども未《いま》だ真となさず。百尺竿頭にすべからく歩を進むべし。十方《じっぽう》世界是れ全身」

〝百尺の竿《さお》の先に座りこんでいてはいけない。修行して悟ったというところに座りこんでいるのは、まだまだ足りない。百尺の竿の先から更に一歩を進めよ。しがみついている竿を手放してしまいなさい。私がという、私が悟ったという、その「私」を死にきらせてしまいなさい。そうすれば天地いっぱいがあなたのものとなり、天地いっぱいの自在な働きができるようになるよ〟という程の意味といえようか。

「大死一番《だいしいちばん》大活現成《だいかつげんじょう》」という禅語があり、「火事場の馬鹿力《ばかぢから》」などということわざが示そうとしている世界と同じ心で、捨て身にしてはじめてほんとうの働きができることを語ろうとしているものであろう。

余語翠巌《よごすいがん》老師は「百尺竿頭進一歩ということは、下りてこいということじゃ」とおっしゃったことを記憶している。観音さまが観音さまの座から下りて、人々の中へ入ってゆく姿は、まさにそれといってよかろう。

「下りる」と「死にきる」とは同じことではあるが、ひびきが違いどちらも大切な働きと受けとめたい。

第八十則　龍牙過板

衆《しゅ》に示《しめ》して云《いわ》く、大音《だいおん》は声希《こえま》れに、大器《たいき》は晩成《ばんせい》す。盛忙《せいぼう》百鬧《にょう》の裏《うち》に向《むか》って呆《ほう》を佯《いつわ》り、匕《か》古《こ》千年《ねん》の後《のち》を待《まっ》て慢㤓《まんばん》す、且《しば》らく道《い》え是《これ》如何《いか》なる底《てい》の人《ひと》ぞ。

挙《こ》す。龍牙《りゅうげ》、翠微《すいび》に問《と》う、如何《いか》なるか是《こ》れ祖師西来意《そしせいらいい》。微《び》云《いわ》く、我《わ》が与《ため》に禅板《ぜんばん》を過《すご》し来《きた》れ。牙《げ》、禅板《ぜんばん》を取《と》って翠微《すいび》に与《あた》う。微《び》、接得《せっとく》して便《すなわ》ち打《う》つ。牙《げ》云《いわ》く、打《う》つことは即《すなわ》ち打《う》つに任《まか》す要且《ようか》つ祖師西来意《そしせいらいい》無《な》し。又臨済《またりんざい》に問《と》う、如何《いか》なるか是《こ》れ祖師西来意《そしせいらいい》。済云《さいいわ》く、我《わ》が与《ため》に蒲団《ふとん》を将《も》ち来《きた》れ。牙《げ》、蒲団《ふとん》を取《と》って臨済《りんざい》に与《あた》う。済《さい》、接得《せっとく》して便《すなわ》ち打《う》つ。牙《げ》云《いわ》く、打《う》つことは即《すなわ》ち打《う》つに任《まか》す要且《ようか》つ祖師意《そしい》なし。牙《げ》、後《のち》に住院《じゅういん》す、僧問《そうと》う、和尚当年翠微《おしょうそのかみすいび》と臨済《りんざい》とに祖意《そい》を問《と》う、二尊宿明《そんしゅくあか》すや也未《またいまだ》しや。牙云《げいわ》く、明《あか》すことは即《すなわ》ち明《あか》す、要且《ようか》つ祖師意《そしい》なし。

頌《じゅ》に云《いわ》く、蒲団《ふとん》禅板《ぜんばん》龍牙《りゅうげ》に対《たい》す、何事《なにごと》ぞ機《き》に当《あた》って作家《さっけ》とならざる。未《いま》だ成褫《じょうち》して目下《もっか》に明《めい》なることを意《おも》わず、流落《りゅうらく》して天涯《てんがい》に在《あ》らんとすることを恐《おそ》る。虚空《こくう》那《なん》ぞ剣《けん》を挂《か》けん、星漢《せいかん》却《かえ》って槎《さ》を浮《うか》ぶ。不萌《ふもう》の草《くさ》に香象《こうぞう》を蔵《かく》すことを解《げ》し、無底《むてい》の籃《らん》に能《よ》く活蛇《かつじゃ》を著《つ》く。今《こん》日江湖《にちごうこ》何《なん》の障礙《しょうげ》かあらん、通方《つうほう》の津渡《しんと》に舡車《こうしゃ》あり。

真理とは「水は低きに向かって流れる」ということ

釈尊が明らかな修行の眼で発見した天地の道理、それを人の言葉で語り出されたもの、それが教えとなり、文字に托《たく》されたものがお経となった。音楽にたとえるなら、釈尊は作曲家、お経は楽譜といえよう。楽譜だけでは生命がない。楽譜はまちがいのない生演奏のための導きとしてのものであり、生演奏するところに生命が与えられ、生命と生命がぶつかりあう、そこに感動が生まれる。

沢木興道老師は「仏法は人格相伝」といわれたが、まさにその通りで、人と人との生命がけの修行と出会いの感動の中、生演奏によって伝え伝えて釈尊より二十八代目、達磨《だるま》大師が印度から仏法を中国に伝えられた。もちろんそれ以前に、玄奘三蔵《げんじょうさんぞう》などの多くの高僧が楽譜としての経典を印度から中国に伝え、翻訳等をしているが、日常生活の中に生演奏として取り組む段階にまでは熟していなかった。切れば血の出る人格を持った仏法として中国に伝えたのは達磨大師ということになっている。

禅問答にしばしば登場する言葉に「祖師西来《せいらい》の意」というのがある。この場合「祖師」というのは達磨大師のことであり、「西来」は西天竺《てんじく》、つまり印度のことであり、印度からはるばる中国へやってこられたお心は何か？　と質問しているわけである。達磨大師のお心は他《ほか》ならぬ二十八代さかのぼっての釈尊のお心であり、釈尊の教えは、気づく気づかないにかかわらず無始劫来行われている天地の働きのほかの何ものでもないのである。

第八十則「龍牙過板《りゅうげかはん》」では、龍牙が「祖師西来の意」を持ちまわっていろいろな人に質問して歩くところが登場する。まずは翠微《すいび》に問い、禅板で打たれ、次に臨済《りんざい》に問い布団で打たれるがどうしてもわからず、三度目洞山《とうざん》に質《たず》ねる。洞山が「水が下流から上流に向かって流れるようになるのを待って答えてやろう」というのを聞いて、ようやく領解することができたというのである。

少なくとも引力のある地上にあっては、普通の状態では水は高きから低きに流れるのが道理であって、低い方から高い方へ流れるはずはない。つまり「祖師西来の意」という何か特別のものがあるような気がして探しまわっている龍牙に対し、特別のことなど何もありはしない。劫初《ごうしょ》以来変わらぬ天地の道理、たとえば水は高きから低きに流れる、ということの他に祖師西来の意はないんだよ、とのお示しに気づくことができたといえよう。

後に「古人がすべてを休し去る」と説いた心を問われたのに対し「賊の空室に入るが如《ごと》し」と龍牙が答えている。盗人が物盗りにしのびこんでみたが、部屋はカラッポで盗るべき何物もなかった、というのである。

「祖師西来の意」と何か特別のものがありそうで探しまわってみたが、特別のものは何もなかった。眠ることができ、眠りが足りれば自然に目をさますことができる。その間もちゃんと呼吸ができる。食べたものが消化され、用を終えたものは大小便として排泄《はいせつ》できる。

知人の姑《しゅうとめ》さんはお便所で排泄されたものに「ごくろうさま、ありがとう」と手をあわされた聞く。初めから授かっているその働きに気づくことが、他ならない「祖師西来の意」なのである。

第十二則「地蔵種田《しゅでん》」の「頌《じゅ》」に「参じ飽きて明らかに知る、求むるところ無きことを」の一句がある。同じ心といえよう。さんざん探しまわり、求め歩いてみて、ようやく他に求めるものではなかった、ないものほしがりすることではなかった、初めから十分に授かっている働きに気づくだけのことであったというのである。

千年単位でものごとに対処せよ

一人の婦人が人生相談に来た。藪《やぶ》の中へ迷いこんで出口がわからないといった感じであった。数時間後、私は一言云《い》った。「あなたの一生という視点から展望して今どうすればよいかを考えてみたらどうですか」と。翌朝「先生の一言で決着がつき、歩き出すことができました」と明るい電話が入った。

余語翠巌老師はよく「せめて千年くらいの単位でものを考えたらよかろう。二、三年などという気の短いことでは本当の姿は見えん」と語られた。距離的には遠く離れて全体を展望してみる。時間的にはせめて一生、一生では短い、余語老師のおっしゃるように千年、宗教の風光としては永遠という視点から今を顧みて、初めてあるべき姿が見えてくるというものであろう。

ローマ法王の側近であった尻枝正行神父から聞いた言葉をおりおりに思い出す。

「私の甥《おい》がローマへ留学するという。私は強いて勉《つと》めると書く勉強という言葉が嫌いです。『ローマは滅びゆくものの、滅びざる美しさに充《み》ちた都だ。そこで上手に遊べ』といっていることです」

「ヴァチカンを始めローマの人々は、同時代の人の眼は恐れないが歴史の眼を恐れる。歴史がどう審判を下すか、それを恐れて、今どうすべきかを考えようとします」

歴史の眼とは、云いかえれば神の眼ということになろうか。「滅びゆくものの滅びざる美しさ」から学ぶものは何か。ローマは二千年、三千年という古い遺跡を、今生きている者にとっては邪魔になると思うものまでも大切に守り伝えている。歴史が語りかける言葉に耳を傾けようという姿勢なのであろう。

ローマ郊外にドミネ・クォ・ヴァディス教会が建っている。二千年前、暴君ネロはキリスト教徒を徹底的に迫害した。キリスト教を根絶させてはならないというので、ペテロは信徒達《たち》にたのまれてローマ郊外に逃れ出た。

おりしもさしのぼる朝日の光の中にペテロはキリストの幻影を見る。キリスト教徒虐殺の炎の燃えさかるローマに向かって歩いてくるキリストに向かい、ペテロは叫ぶ。「おおクリスト…。クォ・ヴァディス・ドミネ（主よ、いづくへ行きたもう）」。キリストの幻影が答える。「お前がわが民を捨てたので、私はローマへ行って再び十字架にかけられるのだ」と。ペテロは地にひれ伏し、やがてふるえる手で巡礼の杖《つえ》をとりなおし、都へときびすを返す。

かくてペテロは捕らえられ、主キリストと同じ十字架では恐れおおいというので、自らすすんで逆さ十字架にかかって果てた。このペテロの墓の上にサン・ピエトロ寺院が建っている。ペテロは初代ローマ法王として今日までその聖業は語りつがれ、サン・ピエトロ寺院は五億五千万人のカトリック教徒の頂点に立つ法王庁として世界に君臨している。

一方、おのれの名誉と富と快楽の追求のためには手段を択《えら》ばず、贅《ぜい》をきわめて作ったグロッタ様式のネロの宮殿は、グロテスクの名で呼ばれる廃墟となり、暴君ネロの名と共に汚名を後世に残すこととなった。近視眼的に見ればペテロは負け、ネロが勝ったかに見えるが、歴史の審判は逆におりている。尻枝神父の語る「滅びゆくものの滅びざる美しさ」からの学びとは、こういう歴史の眼、神の眼をおそれて今を慎め、ということであろう。

第八十則「龍牙過板《りゅうげかはん》」の「示衆《じしゅ》」に、「匕古《かこ》千年の後を待って慢恢《まんはん》す」という一句が出てくる。「匕」は「化」の古字で「変わる」の意。「慢」は「緩」と同じでゆるやかな姿を云い、「恢」は「急」で気の早いこと。「変わりづめに変わってゆく時の流れの中で、せめて千年という時間の単位で事を考え又《また》進めてゆけ」との教えと受けとめたらよいかと思う。

第八十二則　雲門声色

衆《しゅ》に示《しめ》して云《いわ》く、声色《しょうしき》を断《だん》ぜざれば是《こ》れ随処堕《ずいしょだ》、声《しょう》を以《も》って求《もと》め、色《しき》を以《も》って見《み》れば如来《にょらい》を見《み》ず。路《みち》に就《つ》いて家《いえ》に還《かえ》る底《てい》あること莫《な》しや。

挙《こ》す。雲門《うんもん》、衆《しゅ》に示《しめ》して云《いわ》く、聞声悟道《もんしょうごどう》、見色明心《けんしきみょうしん》、観世音菩薩《かんぜおんぼさつ》銭《せん》を将《も》ち来《きた》って餬餅《こびょう》を買《か》う、手《て》を放下《ほうげ》すれば却《かえっ》て是《こ》れ饅頭《まんじゅう》。

頌《じゅ》に云《いわ》く、門《もん》を出《い》で馬《うま》を躍《おど》らしめて攙搶《ざんそう》を掃《はら》う。万国《ばんこく》の煙塵自《えんじんおのずか》ら粛清《しゅくせい》。十二処亡《しょぼう》ず閑《かん》影響《えいきょう》。三千界《がい》に浄光明《じょうこうみょう》を放《はな》つ。

努力という支払いなしでは何も買えない

桓武天皇が都を平安京に遷《うつ》すことによって時代は奈良朝から平安朝へと移行し、仏教界も、最澄や空海が唐より帰国して天台宗や真言宗を伝え、高野山に金剛峯寺を、比叡山に延暦寺を建立する等《など》、いわゆる南都北嶺《ほくれい》と呼ばれる時代となる。

その頃《ころ》の中国は、いわゆる晩唐と呼ばれる時代で、活躍した臨済宗系の禅僧に潙山霊祐《れいゆう》、趙州従諗《じょうしゅうじゅうしん》、その弟子の香厳智閑《きょうげんちかん》、霊雲志勤《れいうんしごん》などがあり、詩人としては白楽天がいる。

ある日香厳は師の潙山から「お前は聡明《そうめい》な上によく勉強もしているが、そういう経典などからの借り物ではなくて、自分自身の言葉を一句持ってこい」といわれる。香厳は幾度か答えようと試みるのであるが、どれもこれも、どこかで読んだもの、聞いたもの、つまり借り物であって、自分のものでないことに気づき、「画に描いた餅《もち》では腹はふくれぬ」――画餅《がびょう》、飢えを癒やさず――といって、沢山《たくさん》の書籍をみな焼き捨て、草庵をむすんで坐禅と作務(作業)の毎日を送っていた。ある日、庭掃除をしていたとき、石が竹にカチンと当たった。その音を聞いた瞬間、年来の疑問がスッと解け、立ちこめていた霧がたちまちに消える思いがした。はるかに大潙山の方向にむかい、「一撃所知《しょち》を亡《ぼう》ず更《さら》に修治《しゅうじ》を仮《か》らず云々《うんぬん》」の偈《げ》を呈し、師の潙山へ報恩の礼拝をしたと伝えられる。「香厳撃竹《ぎゃくちく》の話《わ》」というのがそれである。

同じく潙山の弟子の霊雲は三十年の修行を積んだ人であるが、その上にも参師聞法《さんしもんぽう》の旅を続けていた。春の一日、山裾《すそ》に休息して人里を見渡したところ、桃の花が野や山や谷や里を埋めつくして咲きほこっている。その姿を見て忽然《こつねん》と悟りを開くことができ、「三十年来剣を尋ぬるの客云々」の偈を師の潙山に呈して、許しを得たと伝えられている。「霊雲見桃花《けんとうか》の話」として香厳のそれと共に、道元禅師もしばしば引用される古則《こそく》である。

第八十二則「雲門声色《しょうしき》」の話の「本則」に、「聞声悟道《もんしょうごどう》、見色明心《けんしきみょうじん》」の二句が登場する。「聞声悟道」―声を聞いて道を悟る―は香厳撃竹の故事を、「見色明心」―色（桃）を見て心を明らむ―は霊雲見桃花の故事を指していることは云《い》うまでもない。

しかし竹の声を聞きさえすれば、桃の花を見さえすれば、誰しもが道を悟ることができ

るというのなら、誰も苦労はしない。

釈尊は長い御修行の末、十二月八日未明、明けの明星を見て悟られたという。かつて薬師寺の管長であられた橋本凝胤《ぎょういん》僧正が、十二月八日、インド・ブッダガヤの菩提《ぼだい》樹下で坐禅を組み、明けの明星を仰ぎ見たが「私は悟ることができなかった」と述懐されたと伝え聞く。

私も若き日、四月頃、東京への往復に甲府盆地を通過する度に、盆地を埋めつくす桃の花を見ながら霊雲桃花の話を思いおこし、橋本凝胤僧正と同じ思いをしたことであった。「三十年」という言葉が象徴するように、道を求めるという、切なる思いの火をかかげつづけつつ、「いかにあるか」「いかにあるべきか」の大疑団をあたためているうちに次第に熟し、何かの機縁でふっとその疑問が晴れる。何が機縁になるかはわからない。たまたま釈尊は見明星であり、香厳は撃竹の音であり、霊雲は見桃花であったまでのこと。

「本則」では「聞声悟道、見色明心」の語の次に、「観世音菩薩《かんぜおんぼさつ》、銭を将《も》ち来たって餬餅《こびょう》を買う」の一句がつづく。観音さまが銭を持ってきてごま餅を買うというのである。何かを買うためには銭が必要であるように、「聞声悟道」という、「見色明心」という餬餅を買うためには、三十年来の修行という銭を支払わねばならないのである。努力という支払いなしに、よい結果だけほしがっても、無理というものであろう。

受けとめ方を変えればどこも楽土

入試に失敗して落ちこんでいる青年に語った。「昔から〝失敗が人間を駄目にするのではなく、失敗にこだわる心が人間を駄目にする〟といわれているように、入試に失敗したことが恥ずかしいんじゃなくて、それにこだわって立ちあがれないことこそが恥ずかしいことなのよ。むしろ失敗したことを跳躍台として、より強く、より高く立ちあがることができればすばらしい。落ちることにより、落ちた人の悲しみがわかる人間になれればもっとすばらしい。さいわいに合格しても驕《おご》らず、失敗しても落ちこまない、合格、不合格にがたがたしない人間になればもっとすばらしい。競技の勝ち負けも同じね。入試や競技を通して、人間としての学びを深めることのほうが大切なことなのよ。合格して、軽薄な、うっかりすると高慢な人間になるより、失敗したほうがむしろよかったと思うよ」と。

第八十二則「雲門声色《うんもんしょうしき》」には、観世音菩薩《ぼさつ》が登場するが、この「観」という文字の心を、中国の天台智者《ちしゃ》大師は「取相《しゅそう》を破《は》す」の一句で示しておられる。入試に失敗した、競技に負けたということへのこだわり、これが「取相」つまり「執《しゅう》」であり、「執」が「苦悩」を招き、人生の営みへの支障となるのである。

晩秋のある朝、庭いっぱいに散り敷いた落ち葉をほれぼれと眺めている私の背後を、「アーア、掃除をせねばならないなあ」と溜《た》め息をつきながら雲水が通りすぎていった。

散りゆく花や紅葉という表面的な姿だけを見て、それを苦悩の対象と受けとめるか、その姿を通して「無常」という天地の道理を説く仏の声と聞くか。落花や落葉という同じ一つの現象を苦悩の対象と受けとめたとき塵《ちり》と変じ、仏の説法と聞き得たとき悟道の契機と転ずる。沢木興道老師の「仏法とは此方《こちら》の目や耳や頭を変えることじゃ」とおっしゃった言葉がうなずかれる。「見色明心《けんしきみょうしん》」、つまり落花、落葉という姿（色）を通して、仏の声、天地の道理（心）を明らむ、ということである。

われわれはとかく入試や競技なら合格とか勝つことを追いかけ、失敗とか負けることを

かたつむり
どこで死んでも
わが家かな

嫌う。花なら咲くことは喜ぶが散ることは嫌い、人生ならば生まれ育つのは喜ぶが、老いたり、病み、死ぬことからは逃げたい。というように常に追ったり逃げたり……。これを流転という。どうなってもそこを決定の場としてそこに腰をすえ、更《さら》に一歩進めて人生を深く豊かにする道具だてと楽しむことができたら、いつどのような状態にあっても、そこがそのまま楽土《らくど》となる。

若き日、東京からの客を案内して上高地に遊んだことがある。初めての上高地、歩を移すほどに景色を変えてゆく穂高の連峰も、木の間ごしに見えがくれする梓川の流れも、足もとに咲く高山植物の可憐《かれん》な姿も、いずれもいずれもたのしく、一歩一歩をたのしみながら歩いていて、ふと気がついた。「人生、これだな」と。

一歩一歩を何かを手に入れるための手段におとさず、ということは目的を遠くにおかず一歩一歩を目的とし、一歩一歩を十分に味わってゆけば、どこで終わってもよい。

かたつむり
　どこで死んでも
　　わが家かな

これは小林一茶の句であるが、いつどこにあってもわが家として落ちつくことができる。つまりお浄土とか桃源郷とかいう言葉で表現したいものを、距離的には遠くに、時間的にはいつか、というところにおかず、つねに今ここにおき、今ここがいかなる状態であろうと心の向け方、受け止め方一つで楽土に、わが家に変わるというのである。

この則の「示衆《じしゅ》」に出てくる「路《みち》に就《つ》いて家に還《かえ》る」――途中のままに、どこにあっても帰家穏坐《きかおんざ》、つまりわが家に安らう――の心がこれといえよう。

第八十四則　倶胝一指

衆《しゅ》に示《しめ》して云《いわ》く、一聞《もん》千悟《ご》、一解《げ》千従《じゅう》。上士《じょうし》は一決《けつ》して一切了《さいりょう》ず。中下《ちゅうげ》は多聞《たもん》なれども多《おお》く信《しん》ぜず。尅的簡当《こくてきかんとう》の処《ところ》試《こころみ》に拈出《ねんすい》す看《み》よ。

挙《こ》す。倶胝和尚《ぐていおしょう》凡《およ》そ所問《しょもん》あれば只《ただ》一指《し》を竪《た》つ。

頌《じゅ》に云《いわ》く、倶胝老子《ぐていろうし》指頭《しとう》の禅《ぜん》、三十年来《ねんらい》用不残《ようふざん》、信《まこと》に道人方外《どうにんほうがい》の術《じゅつ》あり、了《つい》に俗物《ぞくぶつ》の眼《がん》前《ぜん》に看《み》る無《な》し、所得甚《しょとくはなは》だ簡《かん》に、施設《せせつ》弥々寛《いよいよひろ》し。大《だい》千刹海毛端《せっかいもうたん》に飲《の》む。鱗龍《りんりゅう》限《かぎ》り無《な》し誰《た》が手《て》に落《お》つるや。珍重《ちんちょう》す任公釣竿《にんこうちょうかん》を把《と》ることを。師《し》復《ま》た一指《し》を竪起《じゅき》して云《い》う、看《み》よ。

借物でない一指ですべてを語る

中国の歴史の中でもっとも絢爛《けんらん》たる花を咲かせたといってもよい唐代三百年は、更《さら》に初唐、盛唐、中唐、晩唐の四時代に区分できるようである。その晩唐七十年間の初めに突如として仏教弾圧の嵐が吹きまくった。武宗《ぶそう》による「会昌《えしょう》の沙汰《さた》」と呼ばれるのがそれである。武宗の在位は短く、やがて弟の宣宗が即位するに及び、仏教は復興への機運に恵まれた。

その頃《ころ》、浙江省の金華山というところに草庵《そうあん》を結んでいる一人の僧があり、つねづね倶《ぐ》胝《てい》(准胝)観音を信仰し、その真言を誦《じゅ》していたので、人々は倶胝和尚と呼んでいた。

ある日、実際尼という一人の尼僧が訪ねてきた。網代笠《あじろがさ》をかぶったまま庵の中へ入り、錫杖《しゃくじょう》を鳴らしながら倶胝和尚の坐禅している周りをぐるぐると三遍廻《まわ》り問答をかけてきた。「禅の極意を示す一句を云《い》うことができたら笠を取りましょう」と。倶胝和尚は返事ができなかった。答えられないと見るや、実際尼はさっさと出て行こうとした。「日も暮れようとしているから、一晩泊まっていったらどうか」という倶胝和尚に対し、「気のきいたことを云うことができたら泊まってあげよう」と重ねて問いかける実際尼。倶胝和尚はやはり答えることができず、実際尼は後も振り返らずに出て行った。

一人の尼僧の前に手も足も出ない自分の未熟さを恥じ、再行脚をして修行のやりなおしをしようと旅支度《じたく》をしたその夜、夢に山神が現れ、「この山を離れてはならぬ。近日、大《だい》菩薩《ぼさつ》が来て、お前のために法を説くであろう」と告げた。

間もなく、大梅法常《だいばいほうじょう》禅師の弟子の天龍和尚がやってきたので、一部始終を語り、教えを請うた。天龍和尚は何も云わずにスーッと指一本を立てて示した。機縁が熟していたのであろう。その指を見たとたんに倶胝和尚は忽然《こつぜん》として真実の道を悟ることができたのである。

それ以来、倶胝和尚は、誰に何を質《たず》ねられてもスッと指一本を立てて答えとされた。

第八十四則「倶胝一指」の「本則」に出てくる「倶胝和尚、およそ所問《しょもん》あればただ一指をたつ」の一句がそれである。

この倶胝和尚が息をひきとる際に「われ天龍一指頭の禅を得て、一生用不尽」——私は天龍和尚から得た一指頭の禅を、一生使っても使いきれなかった——と云い、指一本を立てて息をひきとったと伝えられる。「示衆《じしゅ》」の初めに「倶胝老子指頭の禅、三十年来用不残」とあるのが、その辺の消息を語るものであろう。「用不尽《ようふじん》」を「用不残《ざん》」としたのは韻の都合であって、意味に変わりはない。

倶胝和尚が天龍和尚より一指頭の禅を得て後の、後日譚《たん》ともいうべきものが、『無門関《むもんかん》』と呼ばれる禅の語録の第三則に「倶胝竪指《じゅし》」として登場する。

倶胝和尚に行者として仕えていた一人の童子がいた。ある時、一人の人が「和尚は人々に何を説いているか」と質ねられ、童子は指一本を立てて見せた。そのことを聞いた倶胝和尚は、童子を呼び、その指をするどい刃《やいば》で切りおとしてしまった。「痛い！」と悲鳴をあげて逃げ出そうとする童子に向かって倶胝和尚は「おい、小僧！」と呼びかけ、小僧が振り返ったとたんにシュッと一指を立てて見せた。童子は忽然と悟ることができたというのである。

借りものの一指を切り捨て、もとよりそなわるわが一指頭の禅に気づくことができたといえよう。

一生ホトケのマネを仕通せば本物

一人の雲水が禅師さまに「喝《かあ》ッ」と問答をかけていった。禅師は「汝《なんじ》のカアは烏《からす》のカアなり」と云《い》われ、真似《まね》ではない、借り物ではない自分の言葉を提示せよ、と示されたと伝え聞く。

倶胝《ぐてい》和尚に仕える童子が、倶胝和尚の真似をして一本の指を立てた。その指を切り落としての説得と軌を一つにしているといえよう。

道元禅師は別の角度から、この倶胝和尚に仕えた童子のことを『正法眼蔵随聞記《しょうぼうげんぞうずいもんき》』の中で、次のように語っておられる。

中国・唐代の潙山霊祐《いさんれいゆう》禅師の「霧の中を行けば覚えざるに衣《え》しめる」の一句を引用して「よき人に近づけば、覚えざるによき人となる」と示し、例えとして「倶胝和尚に仕えし一人の童子のごとき、いつ学し、いつ修したりとも見えず、覚えざれども、久参《きゅうさん》に近づきしに悟道す」と語っておられる。

霧深い中をゆくといつの間にか着ている衣服がしめっぽくなるように、よき師、よき友、よき教えの中につねに身をおくようにするといつの間にかよき人となるというのである。たとえば倶胝和尚に仕えていた童子が、ことさらにいつ学び、いつ修行したというのではないけれど、久しくよき師と共にあるというだけで、道を究めることができたように。

これを熏習《くんじゅう》という。つまり意識にのぼらない深さで、時間をかけて、いつの間にかという形で滲《し》み通ってゆく姿である。

昔から「学ぶ」とは「まねる」こと、と云われるが、沢木興道老師にこんな言葉がある。「石川五右衛門だけが盗っ人であって、ちょっと出来心で他人のものを盗《と》ったヤツは盗っ人でない、というわけではない。ちょっと出来心で盗っても、あるいは盗っ人のマネをして盗っても立派な盗っ人である。それと同じく、お釈迦《しゃか》さまだけが仏なのではない。仏のマネして坐禅すればまちがいなく仏である」

沢木老師はよく盗っ人という行為を引用されて、坐禅というホトケ行為の話をされた。

沢木老師の高弟の内山興正老師が、この沢木老師の「盗っ人行為とホトケ行為」を、世間的な見方と宗教的な見方の二つの角度から敷衍《ふえん》して語ってくださったことを忘れない。たとえばホトケ的人生観や人柄を持った人でも、何かの出来心で、あるいは石川五右衛門のマネをしてたった一回でも盗っ人行為をしたら、世間的には、法律的制裁を加えられるばかりではなく、一生、前科者というレッテルをはられ、永劫《えいごう》に救いはないであろう。しかし宗教の世界では、たとえ出来心で盗っ人をしても、その痛みゆえにアンテナが立ち、仏の教えに出会うことができ、教えを生活の中に生かし、又仏のマネをして坐禅すれば、まぎれもなく仏であり、仏行へのきっかけとなった盗っ人行為さえ、泥が転じて肥料となり花を咲かせる、解脱の因となることができるというのである。このことはいかなる悪人にも救いの世界が約束されていることを意味する。

同じことが修行とか善行についてもいえる。曽《か》ってどんなに善い生き方をしても、あるいは修行をしても、今が駄目なら駄目なのである。だから過去にどんなに修行したからといって、心をゆるしてはならない。どんな悪もなしうる可能性を持っているのだから。

沢木老師はよく「今どうじゃ?」と質《たず》ねられたが、大切なことは常に「今日只今《ただいま》」の自分の生き方を問い続けることである。今日只今、仏のマネをしつづける。その「仏のマネ」の今今の連続が一日となり、一年となり、一生となることができれば、本物ということができるのではなかろうか。

第八十五則　国師塔様

衆《しゅ》に示《しめ》して云《いわ》く、虚空《こくう》を打破《だは》する底《てい》の鉆鎚《ちんつい》、華嶽《かがく》を擘開《へっかい》する底《てい》の手段《しゅだん》あって始《はじ》めて元《もと》、縫罅《ほうこ》なき処《ところ》、瑕痕《かこん》を見《み》ざる処《ところ》に到《いた》る。且《しばら》く誰《たれ》か是《こ》れ恁麼《いんも》の人《ひと》ぞ。

挙《こ》す。粛宗帝《しゅくそうてい》、忠国師《ちゅうこくし》に問《と》う、百年《ねん》の後所須何物《のちしょしゅなにもの》ぞ。国師云《こくしいわ》く、老僧《ろうそう》が与《ため》に箇《こ》の無縫塔《むほうとう》を作《つく》れ、帝曰《ていいわ》く、請《こ》う師《し》、塔様《とうよう》。国師良久《こくしりょうきゅう》して云《いわ》く、会《え》すや。帝曰《ていいわ》く、不会《ふえ》。国師云《こくしいわ》く、吾《われ》に付法《ふほう》の弟子《でし》耽源《たんげん》というものあり、却《かえ》って此事《このこと》を諳《そら》んず。後《のち》、帝《てい》、耽源《たんげん》に詔《みことのり》して此《こ》の意如何《いいかん》と問《と》う。源云《げんいわ》く、相《しょう》の南《みんなみ》、譚《たん》の北《きた》、中《なか》に黄金有《おうごんあ》って一国《こく》に充《み》つ。無影《むよう》樹下《じゅげ》の合同舡《ごうどうこう》、瑠璃殿《るりでん》上《じょう》に知識《ちしき》なし。

頌《じゅ》に云《いわ》く、孤迥迥《こけいけい》、円陀陀《えんだだ》。眼力尽《がんりきつ》くる処《ところ》、高《たこ》うして峨峨《がが》たり。月落《つきお》ち潭空《たんむなし》うして夜色《やしょく》重《おも》し。雲収《くもおさま》り山痩《やまやせ》て秋容多《しゅうようおお》し。八卦位正《けくらいただ》しく、五行気和《ぎょうきわ》す。身先《みま》ず裏《うち》に在《あ》り見来《みきた》るや。南《なん》陽父子却《ようふしかえ》って有《あ》ることを知《し》るに似《に》たり。西竺《せいじく》の仏祖《ぶっそ》如奈何《いかん》ともすること無《な》し。

五元素から成り五元素に帰る—五輪の塔の由来—

「梨花一枝《りかいっし》　春雨をおぶ」と楊貴妃《ようきひ》の最後を雨にぬれて咲く梨《なし》の花にたとえ、楊貴妃を失った悲しみを「天長地久時ありて尽きるとも、この恨《うら》み綿々として尽きることなし」（長恨歌《ちょうごんか》）と白楽天をして詠ぜしめた唐の玄宗《げんそう》皇帝と楊貴妃の物語はあまりにも有名である。

その玄宗皇帝の長子で唐朝七世の粛宗《しゅくそう》、その又《また》長子の代宗《だいそう》、つまり息子と孫の二代にわたり深く帰依した禅僧に南陽《なんよう》の慧忠国師《えちゅうこくし》がある。

第八十五則「国師塔様《とうよう》」では、代宗が慧忠国師に、国師の墓をどのように作ったらよいかを質《たず》ねるという形で展開する。（本則では粛宗となっているが、代宗の間違いであろうといわれている。）

慧忠国師の晩年、皇帝がお質ねした。「百年ののち、何かしてほしいことがありますか」と。「百年ののち」というのは「師が遷化されたのち」ということである。国師は答えられた。「私のために無縫塔《むほうとう》（継ぎ目のない全一の塔）を建てていただきたい」と。そこで皇帝は「塔の形はどのようにしたらよろしいか」と更《さら》に質ねると、国師はしばらく黙っておられてから云《い》った。「おわかりかな？」と。つまり無言をもって答えられたのだが、皇帝は理解できない。その皇帝に対し国師は「わたしの弟子に耽源《たんげん》というものがいて、塔の様子をよく心得ているからこの者に質ねよ」と示された。後、耽源は皇帝の質問に対し次のように答えた。

「相《しょう》の南《みんなみ》、譚《たん》の北、中に黄金あって一国に充《み》つ。無影樹下《むようじゅげ》の合同舡《ごうどうこう》、瑠璃殿上《るりでんじょう》に知識なし」

お坊さんのお墓は「無縫塔」と呼ばれ、五輪の形ではなく、まるい卵塔のものが多い。遠くインドのブッダガヤ（釈尊成道の地）にも、日本では高野山をはじめとして、もっとも多く目にする供養塔の姿は五輪の塔の形であり、これがむしろ墓としては本来の姿であろう。

「四大不調」という言葉は「薬石効無く」の言葉と共に今日も日常語として使われている

が、いずれも仏教の、しかも三千年前のインド古代科学の言葉といってよい。「四大」とは「地・水・火・風」であり、これに「空」を加えて「五大」となる。「大」とは「元素」のことで一切のものはこの五大の和合集散から成ると考えた。今日の科学にあてはめれば、原子とか電子とか素粒子といった類といえよう。

古代インドの人々は、この地上の一切の物質は（1）堅さを本質として保持する働きをもつ地大と（2）湿性をおさめ集める働きをもつ水大と（3）熱さを本質として成熟させる働きのある火大と（4）動物を生長させる働きのある風大の四元素から成ると考え、それに「空大」を加えて五大、つまり五元素となした。

「空大」の「空」は宗教哲学的な「色即是空」の「空」ではなく「虚空」――日本的にいえばおおぞらとして存在しているものといえようか――であり、何のさわりもない無礙《むげ》なる姿を働きとすると考えた。

この五元素の因縁の和合によってこの生命をいただき、この因縁が尽きたとき、もとの五元素に帰るというので、亡くなった方の名前の上に「新帰元《しんきげん》」――新しく本元に帰る――と書きこんだり、天地いっぱいの本源の命に帰るというので「帰命」と読みあげたり、又《また》舎利を安置する所の形を五輪の塔の姿にしたのである。

この五大を形と色に表現したとき、地は方形（四角）で黄、水は円形で白、火は三角で赤、風は半月形で黒、空は宝珠形で青となり、下から地水火風空、四角、円形、三角、半月、宝珠と積み上げ、五輪の塔となる。

仏教寺院で大法要や何かの行事を行うとき揚げる仏旗が、青黄赤白黒の五色で構成されているのも、この五元素を意味するものであることは、あらためて云うまでもない。

一歩一歩を脚下黄金地と勤めあげよ

生　死

手桶《ておけ》に水を汲《く》むことによって
　水が生じたのではない
天地一杯の水が

手桶に汲みとられたのだ
手桶の水を
大地に撒《ま》いてしまったからといって
水が無くなったのではない
天地一杯の水が
天地一杯の中にばら撒かれたのだ
人は生まれることによって
生命を生じたのではない
天地一杯の生命が
私という思い固めのなかに
汲みとられたのである
人は死ぬことによって
生命が無くなるのではない
天地一杯の生命が

私という思い固めから
天地一杯のなかにばら撒かれるのだ

これは内山興正老師の「生死」と題する詩である。天地いっぱいにみちみちている地水火風空という五大元素が、縁にしたがって私や花や動物となり、また縁にしたがって五大元素に帰ることを「新帰元」とか「帰命」と表現し、五輪の塔の形であらわすということを先に述べた。

第八十五則「国師塔様《とうよう》」の「本則」で、「わが亡き後、無縫塔《むほうとう》を建てよ」という慧忠国師に対し、代宗皇帝は塔の形を問い、国師は無言をもって答えとされた。

無縫塔とは縫い目なしの、我他彼此《がたひし》と分かれる以前の、天地いっぱいの塔、姿なきを姿（無相《むそう》の相）とする塔ともいえよう。それを国師は無言という形で答えられた。

われわれはお袈裟《けさ》のことを「無相福田衣《ふくでんえ》」と呼んでいる。余ることなく欠くることなく、天地いっぱいにみちみちている仏の御命、御働きをお袈裟に象徴し、その只中《ただなか》につつまれて生きる喜びと誓願が、この呼び名に象徴されているといえよう。

国師滅後、代宗は国師の弟子の耽源《たんげん》に塔の形を質《たず》ねる。耽源は「相《しょう》の南《みんなみ》、潭《たん》の北」とまず場所を指示する。直接には中国の湖南省に湘潭という風光明媚《めいび》な所があり、それにちなみ、日本も大磯や逗子あたりを湘南と呼んでいる。しかし、耽源の云《い》う「相の南、潭の北」は、そういう一地方を指すのではない。「南の果てから北の果てまで」天地いっぱいを無縫塔の建立地とせよ、というのである。

「中に黄金あって一国に充《み》つ。無影樹下《むようじゅげ》の合同舡《ごうどうこう》（船）」と、耽源の答えはつづく。そこは光にみちあふれている所だというのである。

『法華経《ほけきょう》』の「如来神力品《じんりききほん》」のなかに次のような一節がある。

「もしは園中においても、もしは林中においても、（中略）もしは僧房においても、もしは白衣（在家）の舎にても是の中に皆まさに塔を起《た》てて供養すべし。ゆえはいかん。当《まさ》に知るべし。是の処は即《すなわ》ち是れ道場なり」

要するに野にあっても山にあっても、在家にあっても寺にあっても、場所はどこでもよい。どこも道場のどまん中だから、そこに塔を建てよ、というのである。「此の処は即ち是れ道場なり」の一句を肝に銘じておきたい。

「塔を建てよ」といっても、いわゆるの建造物の塔のことでも、まして墓のことでもない。人生の一歩一歩をいついかなる状況の中にあっても、逃げず追わずぐずらず、姿勢を正し「脚下黄金地」と勤めあげることができたとき、そこに塔を建て得たといえるのであり、同時にこれがほんとうの供養にもなるのである。

凡夫の眼から見たら事業に成功したり健康ですべてが思うように運ぶときは「光いっぱい」と思い、その反対となると真暗闇のように思えてしまう。

禅語に「誰《た》が家にか明月清風無からん」というのがある。どこの家にも全く平等に明月の光はゆきとどき、さわやかな風の只中でないところはないんだよというのである。その只中につつまれ、その働きを使いぬかせていただきつつ、そのことに気づかず、扉を開かず、眼を閉じて七顛八倒しているだけなのだが。その天地いっぱいの働きをひとしく平等にいただいて生きる仲間たちへの呼びかけが「無影樹下の合同舡」の一句でもある。

第八十六則　臨済大悟

衆《しゅ》に示《しめ》して云《いわ》く、銅頭鉄額天眼龍睛《どうとうてつがくてんがんりゅうぜい》、雕觜魚顋熊心豹胆《ちょうしぎょさいゆうしんひょうたん》なるも、金剛剣下《こんごうけんか》是《こ》れ計《はか》ること納《い》れず、一籌《ちゅう》すること獲《え》ず、甚麼《なん》と為《し》てか此《かく》の如《ごと》くなる。

挙《こ》す。臨済《りんざい》、黄檗《おうばく》に問《と》う、如何《いか》なるか是《こ》れ仏法的的《ぶっぽうてきてき》の大意《たいい》。檗便《ばくすなわ》ち打《う》つ。是《かく》の如《ごと》きこと三度《たび》、乃《すなわ》ち檗《ばく》を辞《じ》して大愚《たいぐ》に見《まみ》ゆ。愚問《ぐと》う、甚麼《なん》の処《ところ》より来《きた》る。済云《さいいわ》く、黄檗《おうばく》より来《きた》る。愚云《ぐいわ》く、黄檗何《おうばくなん》の言句《ごんく》か有《あ》りし。済云《さいいわ》く、某甲《それがし》三たび仏法的的《ぶっぽうてきてき》の大意《たいい》を問《と》い三度棒《たびぼう》を喫《きっ》す、知《し》らず過《とが》ありや過《とが》なしや。愚云《ぐいわ》く、黄檗恁麼《おうばくいんも》に老婆《ろうば》、你《なんじ》が為《ため》に徹困《てっこん》なるを得《え》たり、更《さら》に来《きた》って有過無過《うかむか》を問《と》う。済言下《さいごんか》に大悟《たいご》す。

頌《じゅ》に云《いわ》く、九包《ほう》の鶵《すう》、千里《り》の駒《く》。真風籥《しんぷうやく》を度《ど》し、霊機枢《れいきすう》を発《はつ》す。劈面《へきめん》に来《きた》る時《とき》飛電急《ひでんきゅう》なり。迷雲破《めいうんやぶ》る処《ところ》太陽孤《たいようこ》なり。虎鬚《こしゅ》を捋《な》づ、見《み》るや也《ま》た無《な》しや。箇《こ》は是《こ》れ雄雄《ゆうゆう》たる大丈夫《だいじょうぶ》。

力を出しあって人材を育てる

平成九年の晩秋のことであったと思う。とりどりに染めなした紅葉に初雪が舞い、その美しさに時を忘れて立ちつくした日のことがあざやかに甦《よみがえ》る。

その日、私はアメリカのハーバード大学でのお話を終え、一人の女子学生の質問を受けていた。

「臨済義玄《りんざいぎげん》和尚は、師匠の黄檗希運《おうばくきうん》に対し『黄檗の仏法多子《たし》なし』と評しているが、これをどう受けとめたらよいか」というのである。昔から「翻訳は誤訳」といわれているように、文化の違いや言葉の壁を越えて、一つのことを間違いなく伝えてゆくことの難しさを思いつつ答えた。

「あなたは誰の英訳を読まれたか知らないが、『黄檗の仏法多子なし』をそのまま直訳すると『黄檗の仏法もたいしたことはない』ということになり、師匠の教えを貶《けな》しているように受けとれる。中国の語録には貶す形で誉《ほ》める言葉がしばしば登場するから、気をつけて読まれたほうがよい」と。

臨済は黄檗の会下に参じ、三年の月日が流れた。第一座（修行僧の班長）を勤めていた陳尊宿が、ある日臨済を呼んで尋ねた。「お前、ここへ来て何年になるか」と。「三年になります」「三年も経《た》って、何故《なぜ》黄檗和尚のところへ何か質問に行かないのか」と問われた臨済は、「何を質《たず》ねていったらよいかわからない」と答える。そこで陳尊宿が「いかなるか仏法的々《てきてき》の大意《たいい》」といって聞きに行けと教え、臨済は指図通りにする。

黄檗はやにわに臨済を二十棒ぶったたいた。訳のわからないままに退き、そのことを陳尊宿に報告すると、陳尊宿が「もう一度いってこい」という。二度目にいって又《また》二十棒、三度目にいって更《さら》に二十棒と、計六十棒を喫したが、さっぱりわからない。

臨済は〝ここにいても駄目だから暇乞《いとまご》いをして別の修行道場へ行こう〟と考える。かねてより臨済を見どころありとにらんでいた陳尊宿は、黄檗のところへいって「臨済は見どころのある雲水だから、行く先、訪ねてゆくべき師匠を指示してやってくれ」とたのみにゆき、一方臨済には「黄檗和尚にちゃんと暇乞いの挨拶《あいさつ》をしてゆけ」と指示する。

そこで黄檗は暇乞いにやってきた臨済に、法の上の従兄弟《いとこ》にあたる高安大愚《こうあんたいぐ》のもとへ行くようにと指示する。

臨済は指示に従い大愚のところへ行き、黄檗から来たこと、「仏法的々の大意」と問い、計六十棒を喫したことを告げ、「私のどこに過《とが》があったのでしょうか」と質ねた。

大愚は溜息《ためいき》をつきながら「黄檗がそれほどまでに親切にお前を説得してくれているのに、ノコノコと私のところまでやってきて〝過ありや〟などと聞いてくる。この大馬鹿《ばか》者めが！」と叱咤《しった》されるのを聞いた瞬間、臨済は黄檗の心を悟ることができた。そのとき云《い》った言葉が「黄檗の仏法多子なし」の一句なのである。

黄檗の仏法に承当《じょうとう》することができた臨済の様子を見てとった大愚は、「お前は私のところで目覚めることができたかもしれないが、黄檗の弟子だから黄檗のところへ帰れ」と指示し、やがて黄檗の法を嗣《つ》ぎ、後の臨済宗の祖ともなられた。

この「臨済大悟《たいご》」の話からすくなくとも二つのことを学んでおきたい。一つは臨済という一人の人材を育てるために三人が阿吽《あうん》の呼吸で力を尽くしているということである。有望な人間が出ると、とかくやきもちをやいて足をひっぱりかねない人の多い中で、黄檗、陳尊宿そして大愚のチームワークのみごとさを学びたい。

二つめは一人の師につききるという姿勢も大切だが、たとえばAの説き方でわからなかった同じことを、Bの説き方で理解できるということもある。同じことながら、違った視点、違った表現に逢《あ》うことで自分の中にすんなりと落ちつくということがある。古人が行雲流水のごとく師を訪ねて行脚した心もその辺にあろうか。

眠っている間も呼吸しているその働きに気づく

心地よい

眠りたまわり

さめし朝

沙羅椿《さらつばき》の花

笑みて咲きおり

ある夏、風邪をこじらせて肺炎になり、心ならずも十日余り床に臥《ふ》したことがあった。高熱と咳《せき》で眠れない幾昼夜の後、ようやくにして熱もさがり、咳もおさまり、眠りを授かることができた。眠り足りてめざめた眼に、今開いたばかりの沙羅椿の花が、さわやかな朝の風と共にとびこんできたときの感動を歌ったものである。

東大寺の管長として昭和の大仏殿大修理をなしとげた清水公照長老に、次のような言葉がある。

「自由って?

歩いてみなはれ」

「息が出入りしていることにフイッと気がついたら、ははっと納得できましょうぜ」

「なーんでもないことによ、気がついたらしめたもんや」

古来、多くの人々が道を求めて旅立ち、命をかけての修行の年月をすごした。何か特別のものがあり、特別のものを手に入れて帰るような響きがある。

第十二則に「参じ飽きて明らかに知る、求むるところ無きことを」の一句があり、第二十則に「三十年来行脚の事、分明《ふんみょう》に辜負《こふ》す一双《いっそう》の眉」の言葉が登場する。いずれも地蔵桂《けい》琛《ちん》にかかわる則である。

何か特別のものがあるかとさんざん探し歩いてみたが、というのが「参じ飽きて」とか「三十年来行脚の事」の言葉が示す内容である。ないものねだりをすることではなく初めから授かっていたすばらしい生命の働きに気づくだけのことであった。眼の上に一対の眉があるという、当たり前の姿に、当たり前の姿の中に躍動する容易ならぬ働きに気づくだけのことであった、というのである。

道元禅師も、生命を万里の波涛《はとう》にあずけて入宋され、如浄《にょじょう》禅師におめにかかることにより、積年の宿願を果たして帰国された。その帰国第一声のお言葉の中に「ただ眼はヨコに鼻はタテについているということに気がついただけのことで、仏法などという特別なものは何もなく、空手で帰ってきたよ」というのがある。

眠ることができるという、眠りが足りたら醒《さ》めることができるという当たり前の働き、腹が減るという、減ったら食べることができ、食べたら消化し、用がすめば排泄《はいせつ》できるという当たり前の働きに、眠りこけているときも、笑っているときも、変わらず息が出入りしてくれていることに、何とも思わなくても二つの足が交替で前へ出てくれるお蔭《かげ》で、体を運ぶことができるということに気づくだけのことであった。ほかならぬそれが仏法であり、それに気づくことをお悟りというのである。

第八十六則の「臨済大悟《りんざいたいご》」の中で、臨済が「黄檗《おうばく》の仏法多子《たし》なし」といった言葉を、「たいしたことはないわい」とけなした形でほめたという文字上の解釈だけでは足りないのではないか。さんざんに探し求めてみたら、特別のものではなく、当たり前の働きの事実にめざめるというだけのことであった、という、そこを「多子なし」という言葉で表現したと受けとめるべきではなかろうかと思うことである。

第八十七則　疎山有無

衆《しゅ》に示《しめ》して云《いわ》く、門閉《もんとざ》さんと欲《ほっ》すれば一拶《さつ》して便《すなわ》ち開《ひら》く、缸沈《こうしず》まんと欲《ほっ》すれば一篙《こう》して便《すなわ》ち転《てん》ず。車箱谷《しゃそうたに》に入《い》って帰路《きろ》なし、箭筈天《せんかってん》に通《つう》じて一門《もん》あり、且《しばら》く道《い》え甚麼《なん》の処《ところ》に向《むか》って去《さ》るや。

挙《こ》す。疎山《そざん》、潙山《いさん》に到《いた》って便《すなわ》ち問《と》う、承《うけたまわ》る師《し》言《い》えることあり、有句《うく》無句《むく》は藤《ふじ》の樹《き》に倚《よ》るが如《ごと》しと、忽然《こつねん》として樹倒《きたお》るれば藤枯《ふじか》る、句《く》何《なん》の処《ところ》に帰《き》するや。潙山《いさん》呵呵大笑《かかたいしょう》す。疎山云《そざんいわ》く、某甲《それがし》四千里《り》に布単《ふたん》を売《う》り来《きた》る、和尚何《おしょうなん》ぞ相弄《あいろう》することを得《え》たる。潙《い》、侍者《じしゃ》を喚《よ》んで銭《せん》を取《と》って這《こ》の上座《じょうざ》に還《かえ》せと、遂《つい》に嘱《ぞく》して云《いわ》く、向後独眼竜《こうごどくがんりゅう》あって子《し》が為《ため》に点破《てんぱ》し去《さ》ることあらん。後《のち》に明昭《めいしょう》に到《いた》りて前話《ぜんな》を挙《こ》す。昭云《しょういわ》く、潙山《いさん》をば頭正《ずただ》しく尾正《びただ》しと謂《いっ》つべし、只是《ただこ》れ知音《ちいん》に遇《あ》わず。疎復《そま》た問《と》う、樹倒《きたお》るれば藤枯《ふじか》る。句《く》は何《なん》の処《ところ》に帰《き》するや。昭云《しょういわ》く、更《さら》に潙山《いさん》をして笑転《わらいうた》た新《あらた》ならしむ。疎言下《そごんか》に於《おい》て省《しょう》あり。乃《すなわ》ち云《いわ》く、潙山元来笑裏《いさんがんらいしょうり》に刀《とう》あり。

頌《じゅ》に云《いわ》く、藤枯《ふじか》れ樹倒《きたお》れて潙山《いさん》に問《と》う。大笑呵呵《だいしょうかか》豈等閑《あになおざり》ならんや。笑裏刀《しょうりとう》あり窺得破《きとくは》す、言思道《ごんしみち》のうして機関《きかん》を絶《ぜつ》す。

〝なあに、大したことはないんじゃ〟と笑いとばして生きよう

丘宗潭《おかそうたん》老師の話であったかと思う。死の病にとりつかれて七転八倒している女性がその苦しみを訴えてきた。老師は呵々《かか》大笑して「あんた一人ぐらい死んでも世の中なんともないわい」といわれた。鬼瓦のような面構えの老師が「ワッハッハッハア」と哄笑《こうしょう》されたのだからたまらない。自分で自分を縛っていた縄がストンと切れて楽になり、みごとに病か

ら立ちあがることができたという。

その丘老師に随身《ずいしん》された沢木興道老師は「しみったれた顔してやれ金がないとか、食えぬ」といっている人に「一文無しでも笑うことがある。億万長者でも泣くことがある。なあに、たいしたことはないんじゃ」と笑いとばされたという。

良寛さまの詩の一節に「人間《じんかん》の是非、一夢《いちむ》の中」というのがある。人間のモノサシはいいかげんなものなんだよというのである。この句の前に「首《こうべ》を回《めぐら》す五十有余年」の一句がある。私がこの良寛さまの詩に出会ったのは三十代であった。「ああ良寛さま、年をとってから作られた詩だな」と思った。今私はすでに喜寿。「良寛さま、お若いときの詩だな」と、この頃《ごろ》思う。

ことほどさように、人は物ごとを判断するとき、そのモノサシの中心は「私」なのである。三十代のときは三十代が私のモノサシの真ん中、五十代は年老いてみえる。七十代になったら七十代がモノサシの真ん中、五十代は若く思える。

同じ一人の人間でもたとえば食事一つとりあげても、健康であったり空腹であったりすれば、何でもおいしいし、体調が悪ければおいしくない。更《さら》には好き嫌いという好みも加わり、そのときの気分とあいまって食事への価値観が大きく変わる。

一人の人間への評価も同じである。AはBのことを「あの方はスケールの大きい人物で安心して仕事がたのめる人です」と褒める。同じBのことをCは「威張って、評判悪いですよ」とけなす。

平穏な時代なら一人殺人をしても大騒動なのに、戦争という狂気の只中《ただなか》にあっては、大勢殺したほうが勇士とたたえられる。

一人の人間の判断さえコロコロ変わり、ましてや人が違えば一つの事に関する評価も変わり、時と処《ところ》で価値観も逆転する。しかも当人は間違いない判断と信じてふりまわし、相手へも押しつけ、自分もそれにしばられて動きがとれなくなっている。そういう小さな私中心のモノサシ、もう一歩進めて人類というモノサシも一度かなぐり捨てて、その外から見なおして見よ、と語りかける。丘宗潭老師や沢木老師が呵々大笑し、又《また》は「なあに、たいしたことはないんじゃ」と笑いとばされた中味はそういうことではなかろうか。

第八十七則「疎山《そざん》有無」では、疎山光仁《こうにん》という、体が小さくて能弁な和尚が潙山大安和尚に理屈っぽい質問をする。たまたま壁塗りの作業をしていた大安和尚は、その道具をほうり出し、呵々大笑して自室へ帰ってしまった。

疎山は腹を立て、「私は四千里の道のりを家財道具までも売って旅費にあててやってきたのに、何故《なぜ》まじめに答えてくれないのか」と食ってかかる。

大安和尚は侍者を呼んで旅費を返させた上で「後に独眼龍《どくがんりゅう》（明昭徳謙《みょうしょうとっけん》禅師のこと。片方の眼が不自由であったから）があって、あなたの疑問に答えてくれるであろう」と指示を与える。

時を経て、疎山はこの独眼龍和尚を訪ね、同じ理屈っぽい質問を出す。独眼龍和尚は「更に潙山をして笑い転《うた》た新たならしむ」と、つまり「潙山和尚は更に又大笑いされるであろう」という言葉で答えとされた。

疎山はようやく二人の師が呵々大笑という刀で、人間のあらゆる相対観念の藤づるを断ち切ろうとしてくださっていたことに気づくことができた、というのがこの本則の概要であり、同時に我々《われわれ》への問いかけといただくべきものであろう。

よき師や教えに出会うことで、もう一人の私を育てよう

江戸末期、文政の頃《ころ》、大阪に風外本光《ふうがいほんこう》禅師という方がおられた。円通院《えんずういん》という寺に懇《こん》情《じょう》されたのは四十歳のときのこと。後に愛知県・足助の香積寺に住職されたが。

大阪でも指折りの富豪の川勝太兵衛という人が、進退に窮して相談にやってきた。太兵衛が一生懸命悩みを訴えているのに、禅師さまは、たまたま飛びこんできた虻《あぶ》ばかりを見ておられる。たまりかねた太兵衛は「禅師さまはよっぽど虻がお好きと見えますなあ」と云《い》った。

禅師は「これは大変ご無礼をいたしました。あなたが一生懸命話をしてくださっていたのに、つい虻に見とれてしもうて。それにしてもこの虻はかわいそうなものじゃ。この寺はゆうめいな破れ寺。障子も破れていれば、立て付けもガタガタで、どこからでも出てゆくところがあるのに、自分の思ったところからしか出られぬと思って、そこへ頭をぶっつ

けてはひっくり返り、ぶっつけてはひっくり返り。こんなことをしていたら死んでしまいますわな。ちょっと別の方向へ目を向けるといくらでも出口があるのに、それが見えんのだからかわいそうなものじゃ」とおっしゃり、もう一言、「人間もよう似たことをやっておりますなあ」と付け加えられた。

この一言を聞いた川勝太兵衛はハッと気がついた。虻に事よせてお教えくださったと。以後熱心な参禅者となり又《また》禅師生涯にわたっての外護者《げごしゃ》になられたと伝えられている。

この虻の話に感動された田中忠雄という沢木興道老師に参禅された方が、ある会社でこの話をされた。数日後その会社の女事務員から手紙が来た。

「先生は私の命の恩人です。私は一人の男性を愛し、その方と結婚しようと思っていましたが、事情が許さず生きてゆく勇気も失い死のうと思いました。今日が最期と思って会社へ出勤し、仕事の整理も済ませ、心の中で皆さんにお別れをして帰ろうとしたら、課長さんが『今日は田中忠雄という先生のお話があるから受付をするように』と云われ、受付に座っていたらこのお話が耳にとびこんできました。とたんに『アッ、私は虻だった！』と気づかせてもらいました。虻だったと気がついたら生きてゆく勇気が湧《わ》いてまいりました。

先生は私の命の恩人です」と書かれてあった。

そこで田中先生がお返事を書かれた。「あなたの命の恩人は私じゃない。虻だ。これからの人生にもいろいろなことがおこるでしょうけれど、ゆきづまったとき〝ナムアミダブツ〟じゃなくて〝ナムアブダブツ〟と唱えなさい」と。

人は悲しみにぶっつかることによって、立ちどまる。ふり返る。どこが、何が悪かったのかとかえりみる私が誕生する。つまり〝私は虻だった〟と気づく〝もう一人の私〟が誕生する。虻だけでは虻は見えない。虻でないもう一人の私の眼が備わることによって〝虻でしかない私〟に気づくことができる。そのとき、別の道が、別の世界が、別のひろがりが見えてくる。

この風外禅師の虻の話から、もう一つの学びをしておきたい。世の荒波に翻弄《ほんろう》されて船の舵《かじ》を誤りそうになった太兵衛が、風外さまの一言で舵を転じて波を乗りきることができたという一点である。

第八十七則「疎山《そざん》有無」の「示衆《じしゅ》」に、「門閫《とざ》さんと欲すれば一挃《いっさつ》して便《すなわ》ち開く、舡沈《こう》まんと欲すれば一篙《こう》して便ち転ず」の言葉が出てくる。〝閉まりそうになった門をちょっと押せば開くし、沈みそうになった船の舵をちょっと転ずれば沈まないですむ〟というのである。

人生の旅路でゆきづまったとき、沈みそうになったとき、心をふるい立たせてよき人の門をたたき、よき教えを聞くことの大切さを思うことである。

第八十九則　洞山無草

衆《しゅ》に示《しめ》して云《いわ》く、動《どう》ずるときは身《み》を千丈《じょう》に埋《うず》む、動《どう》ぜざる時《とき》は当処《とうじょ》に苗《びょう》を生《しょう》ず。直《じき》に須《すべか》らく両頭撒開《りょうとうさっかい》し中間放下《ちゅうかんほうげ》するも、更《さら》に草鞋《そうあい》を買《こ》うて行脚《あんぎゃ》して始《はじ》めて得《う》べし。

挙《こ》す。洞山衆《とうざんしゅ》に示《しめ》して云《いわ》く、秋初夏末兄弟《しゅうしょげまつひんでい》或《あるい》は東《ひがし》し或《あるい》は西《にし》す。直《じき》に須《すべか》らく万里無寸草《ばんりむすんそう》の処《ところ》に向《むか》って去《さ》るべし。又云《またいわ》く、只万里無寸草《ただばんりむすんそう》の処《ところ》の如《ごと》き作麼生《そもさん》か去《さ》らん。石霜云《せきそういわ》く、門《もん》を出《いず》れば便《すなわ》ち是《こ》れ草《くさ》。大陽云《たいよういわ》く、直《じき》に道《い》わん門《もん》を出《い》でざるも又是草漫漫地《またこれくさまんまんち》。

頌《じゅ》に云《いわ》く、草漫漫《くさまんまん》、門裏門外君自《もんりもんがいきみみずか》ら看《み》よ。荊棘林中脚《けいきょくりんちゅうあし》を下《くだ》すことは易《やす》く、夜明簾外身《やめいれんがいみ》を転ずることは難《かた》し、看《み》よ看《み》よ。幾何般《いくばくはん》ぞ。且《しば》らく老木《ろうぼく》に随《したが》って寒瘠《かんせき》を同《おな》じうす。将《まさ》に春風《しゅんぷう》を逐《お》うて焼瘢《しょうはん》に入《い》らんとす。

一つのことを迷いの対象とするか、喜びや学びの対象とするか

中国・唐時代の禅の巨匠で、曹洞宗中興の祖と呼ばれる洞山良价禅師《とうざんりょうかいぜんじ》のもとで、三ヶ月九旬安居《くじゅんあんご》（インドの雨期三ヶ月九十日間を一つの修行の単位と定め、夏《げ》安居又《また》は雨《う》安居と呼び、釈尊時代以来今日に至るまで修行の一期間のあり方として実施されている）を終えた日、洞山さまは修行僧たちに語られた。

「これから皆さんは東へ又は西へと旅立ってゆかれるわけだが、千里万里、草一本もない清らかなところへ向かって行きなさい。さて、その草一本もない理想的なところというのは、いったいどんなところで、どう尋ねていったらよいものであろうか」

すると法の上で従兄弟《いとこ》にあたる石霜《せきそう》という方が「千里万里どころか、門を一歩出たらもう草だらけですよ」といい、大陽《たいよう》は「門を出なくたって草だらけですよ」という。

第八十九則「洞山無草《むそう》」の「本則」の大要である。本文を眺めてみよう。

「洞山衆に示していわく、秋初夏末《げまつ》、兄弟あるいは東し、あるいは西す。直にすべからく万里無寸草の処に向かって去るべし。又いわく、ただ万里無寸草の処の如《ごと》き、作麼生《そもさん》か去らん。石霜いわく、門を出れば是《こ》れ草。大陽いわく、直にいわん、門を出《い》でざるも是れ草漫漫地《まんまんち》」

洞山さまは何も草の話をしておられるわけではない。草にことよせて人生修行のあり方を問いかけておられるのである。「万里無寸草の処」、つまり煩悩妄想を草にたとえ、「一点のかげりもない清浄な悟りの境涯を求めて旅立ってゆきなされ。さてそういう処というのはどういう処で、どうやって行ったらよいか」と問いかけられたわけである。それに対し、石霜は「門を出たとたんに煩悩妄想だらけだ」といい、大陽は「門を出なくたって妄想だらけだ」という。

門というのは六根門《ろっこんもん》のこと。信仰の山へ登るとき「懺悔《さんげ》懺悔、六根清浄《しょうじょう》」と唱えながら登る、あの六根である。つまり眼耳鼻舌身《げんにびぜつしん》の五感に意を加えたもので、外界から入ってくるものを受け入れる側の主体となる私の身心をいう。姿や形を持っているもの（色《しき》）は眼という門から出入りし、音声は耳という門から、香は鼻から、味は口とか舌からというように。この六根の対象となる色声香味触法を六境と呼ぶ。

われわれは朝から晩まで、どこへ行っても煩悩妄想のお相手となるものにとり囲まれている。美しい人に会うと、あんな人と一緒になれたらいいなあと思う。さいわいに結ばれて月日が経《た》ち、やがて顔を見ただけでもムラムラと腹が立つ。そんな日もやってくる。快い声や香りにひかれ、あるいは逆に心がかきみだされ、又美味《おい》しいものや好きな酒にブレーキがかからず、暴飲暴食のはてに病気になってみたり……。見るもの聞くものことごとくが煩悩の対象、というのが「門を出ずればすなわちこれ草」というのである。六境が六塵《ろくじん》と呼ばれるゆえんである。

しかし六境がイコール六塵ではなくて、六境をして六塵に落とすか落とさないかは、六根側、つまり私自身の側にあるということを忘れてはならない。

私がご縁をいただいている名古屋の修行道場には、クヌギやナラの大木が何本もあり、門や塀や道路をおおっている。春の新緑、秋の落葉が武蔵野を思わせてうれしいといって門前に引っ越してこられた方がおられる。「窓から毎日たのしませていただいております」と礼をいいながら、落ち葉もよろこんで掃いてくださる。もう一軒の方は「落ち葉が自分の庭まで舞いこんできてかなわんから伐《き》ってくれないか」と申しこんでくる。一つのものを喜びや学びの対象として受けとるか、愚痴の対象として受けとるか、問題は受けとる側の心一つにあるといえよう。

〝悟り〟も〝清浄〟も捨て、人々の中でいきいきと働け

「春に百花あり、秋に月あり、夏に涼風あり、冬に雪あり。もし閑事の心頭にかくる無くんば、便ちこれ人間の好時節」

これは道元禅師より十七歳年長で、道元禅師が入宋された頃、彼の地で活躍しておられた無門慧開（一一八三－一二六〇）の著、『無門関』の第十九則「平常是道」の頌である。この『無門関』を日本へ請来したのは、臨済宗法燈派の祖、心地覚心である。心地覚心は信州・松本・神林の出身で、若き日、深草の安養院に道元禅師を尋ね、菩薩戒を受け、後に入宋して無門慧開に参じ、許されて嗣法し、建長六年、道元禅師入滅の翌年、『無門関』

等を持って帰国した。

この「春に百花あり、秋に月あり」の頌に出会ったとき、心に浮かんだのは道元禅師の「春は花夏ほととぎす秋は月　冬雪さえて冷しかりけり」のお歌と、このお心を受けて詠ぜられたと思われる良寛さまの「形見とて何残すらむ　春は花　夏ほととぎす秋はもみじ葉」のお歌である。

四季の変化のゆたかな中ではぐくまれたゆたかな感性、その感性が生み出した東洋の文化を、更に宗教の世界へと深めた先人達の姿を、これらの頌や歌を通して思うことである。

春夏秋冬と移りゆく姿を煩悩の対象としてふりまわされるか、風雅の対象としてたのしむか、一歩進んで天地の道理を説く仏の姿と頂くかは、受けとめる側の問題である。

兼好法師は「花はさかりを、月はくまなきをのみ見るものかは」と語り、無常をそのままに、更にすすんで無常だからよいと、うつろいゆく姿を積極的に味わってゆこうという生き方が、仏教を背景として育っていった。

旧暦八月十五日の中秋の名月は芋を供えるから芋名月、九月十三夜は枝豆を供えるから豆名月、又《また》は栗《くり》の季節でもあるから栗名月とも呼び、すすきやお団子を供え、月天子《がってんし》などと呼んで供養する。さらには十六夜《いざよい》、十七夜を立待月《たちまちづき》、十八夜を居待月《いまちづき》、十九夜を寝待月《ねまちづき》と呼ぶなど、満ちゆく月、欠けゆく月を見るごとに月を心の友として歩んできた日本人の心に思いをはせることである。

第八十九則「洞山無草《とうざんむそう》」の頌《じゅ》に「荊棘林中《けいきょくりんちゅう》、脚を下すことは易《やす》く、夜明簾外《やめいれんがい》、身を転ずることは難し」という美しい対句が出てくる。荊棘林中というのはトゲを持ったばらなどが生えている荒地のことで、転じて煩悩妄想の雑草が生い茂っている凡夫の世界のことをいい、夜明簾外というのは、清澄な月の光を、一点の汚れもない水晶の簾にたとえたもので、妄想のない無寸草の世界、悟りの境涯を表したものである。

いばらの中、世の荒波の中、苦しみの充満している中に脚を踏み入れてゆく、あるいはそこから立ちあがり、それを踏みこえて無草の地へ、より高い境地へと出かけてゆくことはできるというのである。しかし、努力精進の結果、さいわいに理想的な境地、お悟りの境地に到《いた》ることができると、人はそこにやれやれと腰をおろしてしまいがちである。あるいは悟ったという看板を後生大事に背負いつづけ、高慢になりかねない。頂上をきわめたら、きわめたことも忘れ、捨て去り、さっさと降りて来なければならない。それはなかなかむずかしいことだとおっしゃる。

ヨーロッパの良家で育ったマザーテレサが靴を脱いで裸足《はだし》になり、インドの貧しい人々の中へ入っていった……。これが夜明簾外から身を転じて、泥の中へすすんで入ってゆく姿であり、これは簡単にできることではない、というのである。

茶の湯の理想とする「わび」を、歌に託して語った紹鷗《じょうおう》と利休のことが思いあわされる。利休の師の武野《たけの》紹鷗はわび茶の理想とするところを、新古今集の藤原定家卿の、

見わたせば
　花も紅葉も
　　なかりけり
浦の苫屋《とまや》の
　秋の夕ぐれ

の心とし、花紅葉という言葉に象徴するさまざまなる飾りのすべてを捨て去って、何もない冬の雪野のような枯れかじけたさまをよしとされた。「洞山無草」の話に当てはめるな

らば「『無寸草』のところ」といえようか。それに対し弟子の利休は「宗易《そうえき》（利休）今一首見出したり」とて古今集の中の藤原家隆卿の、

花をのみ
　待つらん人に
　　山ざとの
　雪間の草の
　　春を見せばや

の歌をあげ、「かの無一物のところよりおのずから感をもよおすような所作が、天然とはづれはづれにあるは、うずみ尽くしたる雪の春になりて陽気をむかえ、雪間のところどころに、いかにも青やかなる草がホッホッと二葉三葉もえ出でたるごとく、力をも加えずに真なる所のある道理にとられし也」と説明を加えている。

つまり無寸草と、無一物と消し去ったところ、夜明簾外という一点の塵《ちり》もないところに座りこまずに、そこを捨て、そこから立ちあがり、人々の真只中《まっただなか》にかけこみ、生き生きとした働きが展開されなければならない、というのである。

第九十一則　南泉牡丹

衆《しゅ》に示《しめ》して云《いわ》く、仰山《きょうざん》は夢中《むちゅう》を以《もっ》て実《じつ》となし、南泉《なんせん》は覚処《かくしょ》を指《さ》して虚《きょ》となす。若《も》し覚夢《かくむ》元《もと》無《む》なることを知《し》らば、虚実待《きょじつたい》を絶《ぜっ》することを信《しん》ぜん。且《しば》らく道《い》え斯人《このひと》甚麼《なん》の眼《まなこ》をか具《ぐ》す。

挙《こ》す。南泉因《なんせんちなみ》に、陸亘大夫《りくこうたいふ》云《いわ》く、肇法師《じょうほっし》也《ま》た甚《はなは》だ奇特《きとく》なり、道《い》うことを解《げ》す、天地同根《てんちどうこん》万物《ばんぶつ》一体《たい》と。泉《せん》、庭前《ていぜん》の牡丹《ぼたん》を指《さ》して云《いわ》く、大夫《たいふ》時《とき》の人此《ひとこ》の一株《ひともと》の花《はな》を見《み》ること夢《ゆめ》の如《ごと》くに相似《あいに》たり。

頌《じゅ》に云《いわ》く、離微造化《りびぞうか》の根《こん》に照徹《しょうてつ》し、紛紛《ふんぷん》たる出没《しゅつぼつ》其《そ》の門《もん》を見《み》る。神《しん》を劫外《こうがい》に遊《あそ》ばしめて問《と》う何《なに》か有《あ》らん。眼《まなこ》を身前《しんぜん》に著《つ》けて妙《みょう》に存《そん》することを知《し》る。虎嘯《とらうそぶ》けば蕭蕭《しょうしょう》として巌吹作《がんすいおこ》り、龍吟《りゅうぎん》ずれば冉冉《ぜんぜん》として洞雲昏《とううんくら》し。南泉時人《なんせんじじん》の夢《ゆめ》を点破《てんぱ》して、堂堂《どうどう》たる補処《ふしょ》の尊《そん》を識《し》らんと要《よう》す。

すべてを一つ生命に生かされている兄弟と受けとめる

信州・小諸の懐古園の笹薮《ささやぶ》の蔭《かげ》に坐禅《ざぜん》をし、草笛を吹いて往《ゆ》き来の人々に聞かせておられた横山祖道《そどう》という禅僧がおられた。沢木興道《こうどう》老師の弟子の一人である。沢木老師亡きあと小諸に移り住み、農家の土蔵か何かを借りて住まいとし、そこから懐古園に通うという晩年の御生活であった。

その祖道老師と「草笛説法」というテーマで、NHKの宗教の時間に対談することになり、打ちあわせのために懐古園をお訪ねしたことがある。

「この地上に住むすべてのものが、大空という一つ屋根の下の、大地という一つ床《ゆか》の上に住む兄弟仲間じゃないか。それを境界線などをひいて、とった、とられたと、限りない争いを繰り返す。悲しいことですなあ」と語られた一言は、拾いあつめた枯れ枝をもやして沸かしたお湯で点《た》ててくださった一服のお茶の味と共に、生涯忘れることはないであろう。

「この地上に住むすべてのもの」、「人」とはおっしゃらない。草木も動物も、一切がもれるものは一つもなく、皆ひとしく天地いっぱいのお働き、一つの働きに生かされている兄弟なんだというのである。

寝ていても
　運ばれてゆく
　　夜汽車かな

という古人の句があるが、前後不覚に眠りこけている間も間違いなく私の心臓を働かせ、呼吸を出入りさせてくれ、生かしつづけてくれている、その同じ働きをいただいて、AさんもBさんも、犬も猫も草木も、生命《いのち》あらしめられているというのである。

それを中国の四世紀頃に出た僧肇《そうじょう》という方が「天地と我と同根、万物と我と一体」（『宝蔵論』）と語っている。この僧肇という方は『西遊記』で有名な玄奘三蔵より二百年ほど前に出た鳩摩羅什《くまらじゅう》という方の弟子で、肇法師《じょうほっし》とも呼ばれている。

第九十一則「南泉牡丹《なんせんぼたん》」では、陸亘《りくこう》大夫という時の高官が、師とあおぐ南泉和尚に、この肇法師の「天地同根万物一体」の一句を持ち出して「すばらしい」とほめたたえる。大夫の言葉を聞いた南泉は、庭に咲いている牡丹を指さして「時の人、此《こ》の一株の花を見ること夢の如《ごと》くに相似たり」と語る。南泉は大夫に何を云《い》おうとしているのであろうか。

やはり中国の九世紀末に出た雪峰《せっぽう》の弟子の鏡清《きょうせい》という人に「雨滴声《うてきせい》」という話が伝えられている。師の鏡清と修行僧達《たち》が坐禅をしていたとき、雨が降ってきた。鏡清が質《たず》ねた。「門外の音は何か」と。僧が答えた。「雨滴声――雨の音です」と。鏡清は云った。「人々は真の自己を確立していないため、外界のものを追いかけまわす」と。

この「雨滴声」の心を、道元禅師は、

聞くままに
　また心なき
　　身にしあれば
　おのれなりけり
　　軒の玉水《たまみず》

という歌に託《たく》して、後世の者に示しておられる。雨の音と、その音を聞いて良いの悪いのと追いかけ、ふりまわされ、雨と私の二者が対立している状態と、雨と私が全く一つになりきって、そこに寸分のへだたりもなく、雨の音ということさえ意識にのぼってこない状態との違いと云うことができようか。

世間の人が一株の牡丹を〝ああ美しい〟とただ観念の世界だけで夢でもみているように眺めているのと、牡丹をして牡丹として咲かしめている働きと、私をして私として生かしてくれている働きとは一つ。一つ生命に生かされている花と私、花が自分そのものであり自分が花として咲いている、と受けとめ得ている者は少ない、と南泉は指摘しているのではなかろうか。

河井寛次郎の言葉に「底辺をひとしくする不等辺三角形」という言葉があるが、同じ心を語ろうとしているものであろう。

第九十二則　雲門一宝

衆《しゅ》に示《しめ》して云《いわ》く、遊戯神通《ゆげじんづう》の大《おお》三昧《まい》を得《え》、衆生語言《しゅじょうごごん》の陀羅尼《だらに》を解《げ》し、睦州《ぼくしゅう》の秦時《しんじ》の轆《たく》轢鑽《らくさん》を拽転《えいてん》し、雪峰《せっぽう》の南山《なんざん》の鼈鼻蛇《べつびじゃ》を弄出《ろうしゅつ》す。還《かえ》って此人《このひと》を識得《しきとく》すや。

挙《こ》す。雲門大師《うんもんだいし》云《いわ》く、乾坤《けんこん》の内《うち》、宇宙《うちゅう》の間《あいだ》、中《なか》に一宝《ぽう》有《あ》り、形山《ぎょうざん》に秘在《ひざい》す、燈籠《とうろう》を拈《ねん》じて仏殿裡《ぶつでんり》に向《むか》う、三門《もん》を将《も》って燈籠上《とうろうじょう》に来《らい》す。

頌《じゅ》に云《いわ》く、余懐《よかい》を収巻《しゅうけん》して事華《じか》を厭《いと》う、帰《かえ》り来《きた》って何《なん》の処《ところ》か是《こ》れ生涯《しょうがい》、爛柯《らんか》の樵子《しょうし》路《みち》なきかと疑《うたが》い、桂樹《けいじゅ》の壺公《ここう》妙《みょう》に家《いえ》あり。夜水金波《やすいきんぱ》桂影《けいえい》を浮《うか》べ、秋風雪陣《しゅうふうせつじん》蘆花《ろか》を擁《よう》す、寒魚底《かんぎょそこ》に著《つ》いて餌《えさ》を呑《の》まず、興尽《きょうつ》きて清歌《せいか》却《かえ》って槎《ふね》を転《てん》ず。

私の中に仏性があるのではなく、私が仏性

まぶしそうに、
顔の上に手をかざしたあの人は、
今、
自分が手を動かしたのを知っているであろうか。

わずか二ヶ月体操の教師をしただけで、事故のため首から下の自由を全く失った星野富弘さんが、口に筆をくわえて書いた詩である。「口に筆をくわえて」と簡単にいうが、筆をとる手すらも全く動かないから、誰かにくわえさせてもらわねばならない。書こうとする紙すら自分の手でとることも動かすこともできないのである。

できないからこそ、すべての自由を失ったからこそ見えてくる世界、気づくことのでき

た世界の、何と深く豊かなことか。何の工夫をしなくても手を動かし、指を動かすことができる。二つの足を交代で出したり、跳びこえたりすることができる……。

何とも思わなくても眠りをいただくことができ、眠りが足りたら覚めることができる。前後不覚に眠りこけている間も、又《また》は腹を立てているときも、おかしくて笑いころげているときも、変わらず心臓は働き、呼吸が出入りしている。この働きをこそ神通力と呼ぶのである。禅門の言葉に「雲水搬柴《うんすいはんさい》これ神通《じんずう》」というのがある。水や薪を運ぶことができる、つまり当たり前と思っていたことのすべてが、容易ならぬことであったと気づかせていただくことができたら、一つ一つが深い喜びに満ちたものとなろう。

「私らは何とも思わなくても靴がはけるんですものね。A子ちゃんは、さんざんお稽古して、ようやく自分で靴がはけるようになったんですよ」

養護学校の先生をしているTさんのつぶやきである。A子ちゃんが自分で靴がはけるようになったことをわがことのように喜びながら、A子ちゃんを通して、何とも思わなくても自由に靴がはける手足の働きの不思議に気づくことができたことを喜ぶTさんのつぶやきを、私は掌《てのひら》をあわせる思いで聞いた。

第九十二則「雲門一宝《うんもんいっぽう》」の「示衆《じしゅ》」に「游戯《ゆげ》神通の大三昧《おおざんまい》を得る」という一句が出てくる。神通力というと、とかく普通の人ができない超能力的なことを考える人が多いが、本当の神通とはそんなことを云《い》うのではない。まぶしければ自然に手が頭の上にあがり、何とも思わなくても左右の足が自由に交代で前へ後へと動き、体を移動させてくれる。まさに遊化三昧にこの五体を使わせていただいているのではないか。

自由自在に手足を動かしているその働き、眠りこけている間も私を生かしつづけてくれている働きは、いったいどこから授かったものか。沢木老師が「皮のつっぱりの中だけで生きているのではない。全体（宇宙）で生きている」と云われたが、その働きを仏性と呼ぶ。その働きをいただいて人も動物も生老病死し、草木も花を咲かせ、又散らすことができるのである。

「本則」に「乾坤《けんこん》の内、宇宙の間、中に一宝有り、形山《ぎょうざん》に秘在《ひざい》す」の言葉が登場する。「内」とか「間」とか「中」に「秘在す」という表現は的確ではない。仏性の働きやその有りようは、中とか間とか、ひそかに有るというような部分の話ではないからである。

乾坤が、宇宙が、形山（この身心）が、全仏性の顕現なのである。「私の中に仏性がある」というと、私の中の一部分が仏性であって仏性でない場所があるということになる。そうではない。私が仏性なのである。私の全体が仏性なのである。天地の中に仏性があるのではなく、一切の存在をつつみこんだ天地そのものが仏性なんだというのでなければならない。

第九十三則　魯祖不会

衆《しゅ》に示《しめ》して云《いわ》く、荆珍鵲《けいちんしゃく》を抵《う》ち、老鼠《ろうそ》金《きん》を銜《ふく》む。其《そ》の宝《たから》を識《し》らず、其《そ》の用《よう》を得《え》ず。還《かえ》って頓《とん》に衣珠《えじゅ》を省《しょう》する底《てい》ありや。

挙《こ》す。魯祖《ろそ》、南泉《なんせん》に問《と》う、摩尼珠《まにじゅ》人《ひと》識《し》らず如来蔵裏《にょらいぞうり》に親《した》しく収得《しゅうとく》す、如何《いか》なるか是《こ》れ蔵《ぞう》。泉云《せんいわ》く、王老師《おうろうし》汝《なんじ》と往来《おうらい》するもの是《ぜ》。祖云《そいわ》く、往《おう》来《らい》せざる者は。泉云《せんいわ》く、亦《また》是《こ》れ蔵《ぞう》。祖云《そいわ》く如何《いか》なるか是《こ》れ珠《じゅ》。泉召《せんめ》して云《いわ》く、師祖《しそ》。祖応諾《そおうだく》す。泉云《せんいわ》く去《さ》れ汝我語《なんじわがご》を会《え》せず。

頌《じゅ》に云《いわ》く、是非《ぜひ》を別《わか》ち、得喪《とくそう》を明《あか》し、之《これ》を心《こころ》に応《おう》じ、諸《これ》を掌《たなごころ》に指《さ》す。往来不往来《おうらいふおうらい》、只《ただ》這《こ》れ倶《とも》に是《こ》れ蔵《ぞう》。輪王之《りんのうこれ》を有功《ゆうこう》に賞《しょう》し、黄帝之《こうていこれ》を罔象《もうぞう》に得《え》たり、枢機《すうき》を転《てん》じ伎倆《ぎりょう》を能《よ》くす。明眼《めいげん》の衲僧鹵莽《のうそうろうほ》なること無《な》かれ。

〝ハイの返事もアナタから〟授かりの働きに気づく

「ほんにね。息ひとつでもわがの力でしとるがでないこた、ようわからんか。ピチピチして泣いとるときでもやっぱり息しとる。おかしいておかしいて、腹ねじれるほど笑うとるときでも、やっぱり息しとるがや。そうすっと、わが力なんにもなかった。みんなあたえられたもんやったなあと、いうもんいただかいてもろうと、あったかい世界やわね。行住《ぎょうじゅう》坐臥《ざが》おあたえの世界や。朝、目あけるのも、わが力であけるがんねいわね」

「この一息までも、われの力やなかった。でかいおもいちがいしとった。信心もろうてアミダさんこっちむけて、たすけてもろうように思うとったけど、すでにたすかっておるわが身やった。ありゃあ、えらいおもいちがいしとったと、その『ありゃあ』と気がついたときや、もう仏さんの世界やね」

これは石川・小松市の山越初枝さん（当時七十六歳）の述懐であり、深い信心の程がうかがわれる。

われわれは豊かな授かりの働きに気がつかず、どうでもよいものを欲しがって、何と宝珠のような生命を、貧しく弊履のように扱っていることか。

『法華経《ほけきょう》』には七つの有名な譬喩《ひゆ》が語られている。「三車火宅《さんしゃかたく》の喩《たとえ》」「長者窮子《ちょうじゃぐうじ》の喩」など共に、「五百弟子授記品《じゅきほん》に登場する「衣珠《えじゅ》の喩」も有名な話の一つである。

すでに最高の悟りを得たつもりでいた五百人の弟子たちが、ある日釈尊の教えを聞くことによって、全くわかっていなかったことに気づき（「小智《しょうち》をもって足りぬとなしき」）そういう自分たちの姿を喩えたものが「衣珠の喩」である。

一人の人が親友の家を訪ね、酒肴《しゅこう》のもてなしにあずかり、酔いつぶれ眠ってしまう。親友は官事で出かけなければならない。しかたがないので最高の宝珠をその友の衣の裏に縫いつけて、立ち去った。本人は眠りこけていてそのことを知らない。酔いが醒《さ》め、友はいない。貧しいままに衣食を求めて流浪し、どれほどの月日が経《た》ってか親友に出会う。親友は零落している友を見て嘆《なげ》いて云《い》った。「その昔、お前が豊かで安らかに暮らせるようにと高価な宝珠を衣の裏に縫いつけておいたのに、そして現に今もあるのに、知らず気づかず、何と貧しい生き方をしていることか」と。

第九十三則「魯祖不会《ろそふえ》」の「本則」で、師祖《しそ》が師の南泉に「摩尼珠《まにじゅ》人識《し》らず、如来蔵裏《にょらいぞうり》に親しく収得す。如何《いか》なるか是《こ》れ蔵」と質《たず》ね、「お前と私がこうして問答往来をしている、それだよ」と南泉が答えている。

摩尼珠というのは如意宝珠と同じで、意の如《ごと》く何でもできる働きをもっためでたい珠ということで、そういう珠を、如来蔵つまり仏性の中に誰しもが持っているが、気がついていない、というのである。いったいその如来蔵とはどういうものかの問いに対して南泉が「こうしてお前と会話をかわしていることだよ」と答えたのだが師祖は理解できない。そこで南泉が「師祖」と呼び、師祖が「ハイ」と答える。呼べば答えることができる、その働きが摩尼珠の働き、仏性の働き、天地からの授かりの働きじゃ、と答え、師祖はようやく納得することができた、というのである。

沢木興道老師がよく「年をとるのもアナタまかせ」「ハイの返事もアナタから」とおっしゃっておられた。ここで「アナタ」と呼びかけておられるもの、これが本則では如意宝珠であり如来蔵であり気づく気づかないにかかわらず始めから授かっている天地のお働きであり、名づけてアミダさまともお呼びするのである。

第九十四則　洞山不安

衆《しゅ》に示《しめ》して云《いわ》く、下《しも》、上《かみ》を論《ろん》ぜず、卑《ひ》、尊《そん》を動《どう》ぜず。能《よ》く己《おのれ》を摂《せっ》して他《た》に従《したが》うと雖《いえど》も、未《いま》だ軽《けい》を以《もっ》て重《じゅう》を労《ろう》すべからず。四大不調《だいふちょう》の時《とき》如何《いかん》が侍養《じよう》せん。

挙《こ》す。洞山不安《とうざんふあん》。僧問《そうと》う、和尚病《おしょうや》む、還《かえ》って病《や》まざるものありや。山云《さんいわ》く、有《あ》り。僧云《そういわ》く、病《や》まざるものは還《かえ》って和尚《おしょう》を看《み》るや否《いな》や。山《さん》云《いわ》く、老僧他《ろうそうた》を看《み》るに分《ぶん》あり。僧云《そういわ》く、和尚他《おしょうた》を看《み》る時《とき》如何《いかん》。山云《さんいわ》く、則《すなわ》ち病《やまい》あることを見《み》ず。

頌《じゅ》に云《いわ》く、臭皮袋《しゅうひたい》を卸却《しゃきゃく》し、赤肉団《しゃくにくだん》を拈転《ねんてん》す。当頭鼻孔《とうとうびくう》正《ただ》しく、直下髑髏《じきげどくろ》乾《かわ》く。老医従《ろういじゅう》来《らい》の癖《へき》を見《み》ず、少子相看《しょうしそうかん》して向近《こうきん》すること難《かた》し。野水痩《やすいや》する時《とき》秋潦《しゅうろう》退《しりぞ》き、白雲《はくうん》断《た》ゆる処《ところ》旧山《きゅうざん》寒《さむ》し。須《すべか》らく勦絶《そうぜつ》すべし、顢頇《まんかん》すること莫《なか》れ。無功《むこう》を転尽《てんじん》して伊《かれ》位《くらい》に就《つ》く、孤標《こひょう》汝《なんじ》と盤《ばん》を同《おなじ》うせず。

病気を「南無」と拝み病気から学んでゆく

「ほっておけば癌《がん》に移行するおそれがあるから、即刻入院して手術を受けてください」医師よりこの宣告を受けたのは三十代の後半。頭の中を一つの思いがよぎった。「〝この病気、ちょっと都合がわるいから、別の病気にしてくれませんか〟と病気を択《えら》ぶことができたらいいな」と。次の瞬間「病気を択ぶことができないなら、たとえその病気が死に至る病であろうと、仏さまからの授かり。授かりとあらば掌《て》をあわせてちょうだいしてまいりましょう」と腹がきまり、一つの歌が口をついて出た。

み仏のたまいし病
　もろ手あわせ
　　受けたてまつる

心しずかに

東京の順天堂病院へ入院し、開腹手術を受けた。病を授かりと受けて立つばかりではなく、なかなか経験できないこの機会に、生かされている生命の姿というものを、積極的に見つめ直してみようと思い立ち、術前、術後の経過や、それにともなう自分自身の心の動き、又《また》医師たちの対応などをきめこまかく記録し、退院までに一冊のノートがいっぱいになった。

病もまた善知識てう
　み教えを
　つつしみて受く
　いたつきの床

「ようこそ病気をさせていただきました。〝南無病気大菩薩〟」と合掌しての退院であった。

「南無病気大菩薩」は白隠《はくいん》禅師の言葉であるが、この白隠禅師の言葉に「三合五勺《しゃく》の病気に八石五斗の気の病」というのがある。病気そのものは三合五勺なんだけれども〝こうなったらどうしよう、ああなったらどうしよう〟と心が病気をどんどん成長させて八石五斗にもしてしまい、食べられるはずの食事まで喉を通らなくなり、病気を悪い方へと追いこんでしまうというのである。

反対の例がある。

病いが

また一つの世界を

ひらいてくれた

桃　さく

これは四国の詩人、坂村真民《しんみん》先生の詩である。真民先生は、命にかかわるほどの大病を何度もなさった。その度に、今まで気づかなかった多くのことを学ばせてもらい、気づかせてもらい、新しい世界、深い世界がどんどん開けてきた、というのである。

第九十四則「洞山《とうざん》不安」は、洞山良价《りょうかい》さま晩年の病中の話である。一人の僧が洞山さまにお質《たず》ねした。「和尚病む。また病まざる者ありや」と。〝和尚さまは御病気ですが、病気でない和尚さまがおられますか〟というのである。

「おるとも」という洞山さまの答えに対し更《さら》に僧は「病気でない和尚が、病気の和尚を看

大菩薩
病気
南無

病するということがありますか」と問う。洞山さまは「この私は看病するのがとても上手でなあ」と答え、更に僧の「看病するときの心構えは？」の問いに対し「病有ることを見ず」、つまり〝病気と受けとめていない、病人と受けとめていない〟と答えている。

まずは病む者と病まない者という二人が登場する。白隠さまの例でいうならば、三合五勺の病におかされている肉体の私と、それを八石五斗にも重いものにして心まで病んでいる私。つまり身心ともに病んでいる私がそこにいる。

一方、真民先生は、幾度となく重病にかかられ、その度に病を通して多くのことを学ばれ、人生を深められ、感動の中に新しい世界を開いておられる。肉体は病みつつも、むしろ病むことを通して逆に心の眼が深まり、澄みきわまったところから病む肉体をみまもり学び、積極的に病気を財産にきりかえてゆくもう一人の真民先生がいる。

洞山さまが「病気にならない私」が「病気になった私を上手に看病する」というのは、こういうことではなかろうか。

病気と限らず人生のすべての上に云《い》える生き方といえよう。

第九十五則　臨済一画

衆《しゅ》に示《しめ》して云《いわ》く、仏来《ぶつきた》るも也《ま》た打《た》し、魔来《まきた》るも也《ま》た打《た》す、理有《りあ》るも三十理無《りな》きも三十す。為復是《はたまたこ》れ錯《あやま》って怨讐《おんしゅう》を認《みと》むるか、為復是《はたまたこ》れ良善《りょうぜん》を分《わか》たざるか、試《こころ》みに道《い》え、看《み》ん。

挙《こ》す。臨済《りんざい》、院主《いんじゅ》に問《と》う、甚《なん》の処《ところ》よりか来《きた》る。主云《しゅいわ》く、州中《しゅうちゅう》に黄米《こうまい》を糶《う》り来《きた》る。済云《さいいわ》く、糶得《ちょうとく》し尽《つく》すや。主云《しゅいわ》く、糶得《ちょうとく》し尽《つく》す。済拄杖《さいしゅじょう》を以《もっ》て一画《かく》して云《いわ》く、還《かえ》って這箇《しゃこ》を糶得《ちょうとく》せんや。主便《しゅすなわ》ち喝《かっ》す。済便《さいすなわ》ち打《う》つ。次《つぎ》に典座《てんぞ》至《いた》る、前話《ぜんな》を挙《こ》す。座云《ぞいわ》く、院主《いんじゅ》、和尚《おしょう》の意《い》を会《え》せず。済云《さいいわ》く、你又作麼生《なんじまたそもさん》。座便《ざすなわ》ち礼拝《らいはい》す。済又打《さいまたう》つ。

頌《じゅ》に云《いわ》く、臨済《りんざい》の全機格調《ぜんきかくちょう》高《たか》し、棒頭《ぼうとう》に眼《まなこ》あり秋毫《しゅうごう》を弁《べん》ず。狐兎《こと》を掃除《そうじょ》して家風峻《かふうしゅん》なり、魚龍《ぎょりゅう》を変化《へんげ》して電火焼《でんかや》く、活人剣《かつにんけん》、殺人刀《せつにんとう》、天《てん》に倚《よ》って雪《ゆき》を照《てら》し吹毛《すいもう》を利《り》し、一等《とう》に令行《れいぎょう》して滋味《じみ》別《べつ》なり、十分の痛処《つうしょ》是れ誰《たれ》か遭《あ》わん。

人間の分別をはずしてみよう

地球上のあちこちで性こりもなく争いが繰り返されているのを見る度に、思いおこす宇宙飛行士達の言葉がある。

「宇宙飛行士達は、それぞれに独特の体験をしたから独特の精神的インパクトを受けた。共通していえることはすべての人がより広い視野のもとに世界を見るようになり、新しいビジョンを獲得したということだ」

「我々が宇宙から見た地球のイメージ、全人類共有の宇宙船地球号の真の姿を伝え、人間精神をより高次の段階に導いていかねば、地球号を操縦しそこなって、人類は滅んでいく。人間はみな同じ地球人なんだ。国が違い、種族が違い、肌の色が違っていようと、みな同じ地球人なんだ。最低限度これだけは知ってもらいたいね」

これは一九七一年アポロ十五号で月面に着陸し三日間にわたって月探検をなしとげたアーウィンの言葉。

「眼下に地球を見ているとね、いま現に、このどこかで人間と人間が領土やイデオロギーのために血を流し合っているというのが、ほんとに信じられないくらいバカげていると思えてくる。いや、本当にバカげている」

「地球にいる人間は、結局、地球の表面にへばりついているだけで、平面的にしかものが見えていない。平面的に見えているかぎり、平面的な相違点がやたらに目につく。人種も違う。民族も違う。文化も違う。どこにいっても何もかも違う。しかし、その違いと見えるすべてのものが、宇宙から見ると、全く目に入らない。マイナーな違いなんだよ。宇宙からは、マイナーなものは見えず、本質が見える。表面的な違いはみんな消しとんで同じものに見える。相違は現象で本質は同一性である。（中略）対立、抗争というのは、すべて何らかの違いを前提としたもので、同じものの人間には争いがないはずだ」

これはアポロ七号に乗ったドン・アイズリの言葉。ジェミニ九号を始め三度も宇宙旅行をしたジーン・サーナンは、立花隆氏の「内面的に宇宙体験から得た最大のものは？」という質問に対して次のように答えている。

「神の存在の認識だ。神の名は宗教によって違う。キリスト教、イスラム教、仏教、神道と、みんな違う名前を神にあてている。しかしその名前がどうであれ、それが指し示している、ある同一の至高の存在がある。それが存在するということだ。宗教は全て人間が作った。だから神に違う名前がつけられた。名前は違うが、対象は同じなのだ」

これら宇宙飛行士たちのことを書いた著者の立花隆氏は、その著『宇宙からの帰還』の最後「神との邂逅」の章で、

「宇宙飛行士たちの宇宙における認識拡張体験の話を繰り返し聞いているうちに、私は宇宙飛行士とは、『神の眼』を持った人間なのだということに思いあたった」と述懐している。

地球の外へ出てみなければ、地球のほんとうの姿やあるべきようが見えないように、人類の外へ出てみなければ人類のやっていることの是非は見えず、人類のあるべき方向づけもできない。藪《やぶ》の中に埋もれていたら藪の全体の姿は見えず、山を出なければ山の全体の姿は見えないように。地球をとび出して宇宙空間から地球を見た宇宙飛行士たちの言葉が、

神の言葉と思えるほどに傾聴に値するものであるように。

第九十五則「臨済一画《りんざいいっかく》」の「示衆《じしゅ》」に、「仏来たるもまた打《た》し、魔来たるもまた打す。理《り》有るも三十、理なきも三十す」とあり、更に「あやまって恩讐《おんしゅう》を認むるか、はたまた是《こ》れ良善を分かたざるか」と続く。

仏とか悪魔とか、恩と讐、善と悪などという分別は、人間の世界にのみ通用する価値判断であって、人類の枠をはずせば、つまり地球単位に見たときは、価値が逆転したり、通用しなかったりする。例えば、われわれは白蟻《しろあり》を嫌うが、アマゾンの原始林では、風倒木を分解してくれる神さま的存在であったり、人間が不浄として嫌っているお便所（便壺《つぼ》に大小便を貯《た》めていた時代）は、ウジ虫たちにとっては黄金の住居であるように。

人間の世界にのみ通用する分別、価値判断を、一度悉《ことごと》く粉砕してしまえ、というのが、「理有るも三十、理無きも三十」の心であろう。三十というのは「三十棒」ということ。「三十三札所巡り」とか、「白髪三千丈」とか、「三十年来行脚し来たれ」とか、古来「三」という文字はよく使われてきた。文字通り「三」という意味ではなく、三はどこまでいっても割りきれないように、限りなく、幾度となく、という意味に使われている。

大切にしている掛け軸の一つに、曽《か》つて妙心寺派の管長であられた山田無文《むもん》老師の筆になる「道得三十棒、道不得三十棒」（臨済録）がある。「道」という字は禅の語録では「言う」と読むことが多い。もちろん「道《みち》」の意味で使うこともあるが。したがってこの無文老師の書は「道《い》い得るも三十棒、道い得ざるも三十棒」と読む。古来「臨済の喝《かつ》、徳山《とくさん》の棒」といって、学人《がくにん》を説得するのに激しい手段をとった二人の師家《しけ》のことが伝えられている。臨済は何をいっても「喝《かあ》！」と一喝し、徳山は三十棒をくらわしたというのである。仏といい、魔といい、聖といい凡といい、浄といい不浄といい、善といい悪といい、敵といい味方といい……。そういう人間の分別を打ちすえ、放下して、分別以前の、もっとひろやかな世界から眺めかえしてみよう、と語りかける、これが「三十棒」の心であろう。

今ここを天の心にしたがって生きる

怨親《おんしん》を越えて

塩をば贈りましし
いにしえ人の
徳をしぞ思う
俊董

戦国時代、上杉謙信と武田信玄はしばしば戦火をまじえた。戦いのため、塩の道をおさえられ、信州の住民が苦しんでいることを知った謙信は、たとえ敵方であろうと、そこに住む者たちを苦しめてはならないと、信玄の領地へ塩を送りこんでくれた。その塩の荷が最後に到着した場所というので塩尻という地名がつけられ、謙信の徳をたたえて塩市や塩に由来する菓子が今に伝えられている。冒頭の歌はその塩に因《ちな》む菓子によせて謙信の徳を歌ったものである。

第九十五則「臨済一画《りんざいいっかく》」の「示衆《じしゅ》」の中の「あやまって恩讐《おんしゅう》を認むるか、はたまた良善を分かたざるか」の一句で、脳裏に浮かぶもう一つの物語がある。

菊池寛の「恩讐の彼方《かなた》に」がそれである。山中で追いはぎ稼業をしての暮らしの罪のつぐないに、出家をして禅海と名乗った僧が、懺悔行《さんげぎょう》として三十余年の歳月を費やし、ノミ一本で「青の洞門」をきり開いてゆく物語である。恩讐も善し悪《あ》しも、みな人間の世界にのみ通ずる価値判断。沢木興道老師の言葉に「ああ、よかった。何がよかった。オレがよかっただけのこと」というのがある。人間より更《さら》に狭く、我《わ》がグループにとってよかっただけのこと、もっと小さく私にとってよかっただけのこと。立場が替われば逆転する善し悪しでしかないことを忘れてはならない。

「我是《われぜ》なるときは彼非《かれひ》なり……三宝《さんぼう》によらずんば何をもってかまがれるを正さん」

いみじくも聖徳太子は十七条の憲法の中でこのように述べておられる。自分にとって都合のよいことが必ずしも相手にとってよいこととは限らない。ほんとうの是非は「三宝」、つまり「仏《ぶつ》・法《ほう》・僧《そう》」――天地のまことの教えによらねばならない、とおおせなのである。

「本則」を眺めてみよう。臨済のもとで院主《いんじゅ》（事務総長のようなもの）を勤めている人が町から帰ってきた。臨済が「どこへいってきたのか」と質《たず》ねると「玄米を売りにいってきました」という。中国の修行道場は広い荘園を持っていて、そこで出来た米などを売って経営にあてていたから。臨済は更に「売り切ったか」と問い、院主は「すっかり売り尽くしました」と答える。そこで臨済は持っていた杖《つえ》で「一」の字を描いて「これを売ることができるか」と問いかけ、院主は「喝《かあ》！」と一喝し、臨済は一喝する院主を打ちすえるという場面が展開する。

臨済が杖で描いた「一」という字について考えてみたい。「正」という字は「一」に「止」―とどまる―と書く。「一」は「天の心」、つまり神・仏の心を指し、天の心、神・仏の心に随《したが》うことを正とし、善とするというのである。

臨済が描いた「一画」は「一」ではなく円相《えんそう》であろうという説もある。円相は文字ではなく象徴であるだけに一層意味は広く深い。天地の本源のもの、あるいはその働きといえよう。地上の一切のものが、気づく気づかないにかかわらず、その働きをいただき、その働きの只中《ただなか》につつまれ生かされている。耳なれた言葉に云《い》いかえれば、「仏性」とか「真《しん》如《にょ》」とか「親さま」という言葉で表現しようとしているものと思ってよい。

そんなものを売り買いすることはできないから院主は「喝！」といい、次に来た典座《てんぞ》（台所当番）は黙って礼拝し、臨済は二人共に打ちすえるという厳しい手段に出た。百尺《ひゃくしゃく》竿頭《かんとう》更に一歩を進めよ、の策励《さくれい》といえよう。

余語《よご》翠巌《すいがん》老師が好んで揮毫《きごう》された言葉に「放情《ほうじょう》」と「天随《てんずい》」がある。わがままな私の思いを限りなく放下して天の心、仏の心に随って今ここを生きてゆこうというお心であり、「一」や「円相」の示すところと同じといえよう。

第九十六則　九峰不肯

衆《しゅ》に示《しめ》して云《いわ》く、雲居《うんご》は戒珠舎利《かいじゅしゃり》を憑《たの》まず、九峰《ほう》は坐脱立亡《ざだつりゅうぼう》を愛《あい》せず。牛頭《ごず》は百鳥花《ちょうはな》を銜《ふく》むことを要《よう》せず、黄檗《おうばく》は杯《はい》を浮《うか》べて水《みず》を渡《わた》ることを羨《うらや》まず。且《しば》らく道《い》え何《なん》の長処《ちょうしょ》かあるや。

挙《こ》す。九峰《ほう》、石霜《せきそう》に在《あ》って侍者《じしゃ》と作《な》る、霜遷化《そうせんげ》の後《のち》、衆《しゅ》、堂中《どうちゅう》の首座《しゅそ》を請《しょう》して住持《じゅうじ》を接続《せつぞく》せしめんと欲《ほっ》す。峰肯《ほううけが》わず乃《すなわ》ち云《いわ》く、某甲《それがし》が問《もん》過《か》せんを待《ま》て、若《も》し先師《せんし》の意《い》を会《え》せば先師《せんし》の如《ごと》くに侍奉《じぶ》せん、遂《つい》に問《と》う、先師道《せんしいわ》く、休《きゅう》し去《さ》り、歇《かっ》し去《さ》り、一念万年《いちねんまんねん》にし去《さ》り、寒灰枯木《かんかいこぼく》にし去《さ》り、一条白練《じょうびゃくれん》にし去《さ》ると、且《しば》らく道《い》え甚麼辺《なにへん》の事《じ》を明《あか》すや。座《ざ》云《いわ》く、一色辺《しきへん》の事《じ》を明《あか》す。峰云《ほういわ》く、恁麼《いんも》ならば未《いま》だ先師《せんし》の意《い》を会《え》せざるあり。座云《ざいわ》く、你我《なんじわれ》を肯《うけが》わざるや、香《こう》を装《よそお》い来《きた》れ。座乃《ざすなわ》ち香《こう》を焚《た》いて云《いわ》く、我若《われも》し先師《せんし》の意《い》を会《え》せずんば、香煙起《こうえんお》こる処《ところ》脱《だっ》し去《さ》ることを得《え》じ、言《い》い訖《おわ》って便《すなわ》ち坐脱《ざだつ》す。峰乃《ほうすなわ》ち其《そ》の背《はい》を撫《ぶ》して云《いわ》く、坐脱立亡《ざだつりゅうぼう》は則《すなわ》ち無《な》きにはあらず、先師《せんし》の意《い》は未《いま》だ夢《ゆめ》にだも見《み》ざるなり。

頌《じゅ》に云《いわ》く、石霜《せきそう》の一宗《しゅう》、親《した》しく九峰《ほう》に伝《つた》う、香煙《こうえん》に脱《だっ》し去《さ》り、正脈通《しょうみゃくつう》じ難《がた》し。月巣《げっそう》の鶴《つる》は千年《ねん》の夢《ゆめ》を作《な》し、雪屋《せつおく》の人《ひと》は一色《しき》の功《こう》に迷《まよ》う。十方《ぼう》を坐断《ざだん》するも猶点額《なおてんがく》す、密《みつ》に一歩《ぽ》を移《うつ》さば飛龍《ひりゅう》を見《み》ん。

有名人になるな。道元様が〝よし〟といわれる坊さんになれ

唐の太宗は理想的な政治を行った人であり、その政治のありようを記した『貞観政要《じょうかんせいよう》』は日本でも久しく帝王学の必読書とされてきた。

その時代に活躍した禅僧に牛頭法融《ごずほうゆう》和尚がいる。牛頭山麓の石室で坐禅修行に励んでい

る頃《ころ》、和尚を慕って沢山《たくさん》の小鳥たちが花を献じた。ところが法融和尚の修行力が深まってからは、小鳥たちが来なくなったという。

同工異曲ともいうべき話で、雲居山弘覚《うんごさんこうがく》大師や三平山義忠《さんぺいさんぎちゅう》禅師は修行時代に天人が食事の供養に来ていたが、大道を決着してからは、天人が来なくなったという。何を意味するのか。鳥や天人からその境涯がうかがわれるようでは、修行がまだまだ未熟だというのである。お互いに自分の持ちあわせている目線しか見ることができない。小鳥や天人たちに尊敬され、慕われるような境涯では駄目だというのである。

「大智《だいち》、愚《ぐ》の如《ごと》し」という言葉があるが、たとえば子供と遊びほうけている良寛さまや乞《こ》食《じき》と河原で食事を分けあっている桃水《とうすい》和尚を、眼力のない人間には見分けることができないであろう。

頭を剃《そ》って修行の道に入って十五年。東京での大学生活に区切りをつけ、三十一歳で山寺へ帰るとき、秦秀雄先生（井伏鱒二の小説『珍品堂主人』のモデルになった方）が、「いわゆるの有名人になってもらいたくない。道元禅師が〝よし〟とおっしゃる坊さんになってほしい」と餞別《せんべつ》の一言を下さった。生涯の自誡としている。

第九十六則「九峰不肯《きゅうほうふこう》」の「示衆《じしゅ》」の「牛頭は百鳥《ひゃくちょう》花をふくむことを要《よう》せず」の一句が語ろうとする心は、秦秀雄先生のそれと同じといえよう。

次に「黄檗《おうばく》は杯を浮かべて水を渡ることを羨《うらや》まず」の一句が登場する。黄檗が旅の途中一人の僧に出会い、行脚を共にする。たまたま河が洪水しているのに出会ったら、旅僧は笠《かさ》を水上に浮かべて彼の岸に渡った。いわゆる超能力である。それを見た黄檗は「そんなことをする奴《やつ》とわかっていたら、足をへし折ってやるところであった」と云《い》ったことが伝えられている。

「正法《しょうぼう》に奇蹟《きせき》はないぞ」と盤珪永琢《ばんけいようたく》（江戸中期の禅僧）は語り、禅に「雲水搬柴《うんすいはんさい》これ神《じん》通《ずう》」という言葉がある。

人のできない特別のことができたり見えたりすることが、とかくすばらしいことのように思われるが、そうではない。当たり前のことのすばらしさに気づくことのほかに仏法はない、と、古来祖師方はねんごろにさとされている。

〝かっこよく死のう〟などと思う心も妄想

徳川三百年の太平の夢を破るように、天明・天保の大飢饉《ききん》があいついだ江戸末期、飄逸《ひょういつ》な絵で知られる仙厓《せんがい》和尚が、博多の聖福寺で禅風を挙揚しておられた。大塩平八郎が大飢饉救済を町奉行に願い出て入れられず乱をおこした天保八年の十月、仙厓さまは八十七歳、病の床に臥《ふ》しておられた。命旦夕《たんせき》にせまったある日、一人の弟子が仙厓さまに「最期に何か一言、お遺《のこ》し下さい」とお願いしたところ「死にともない」の一言が返ってきた。「天下の名僧ともあろうお方が、そんな見苦しいことでは困ります。もう少しましなことを」と再度お願いしたところ、「ほんまに、死にともない」と仙厓さまは云《い》われた、と伝えられている。

唯識学《ゆいしきがく》の泰斗であられた小川弘貫《こうかん》先生は、某高校の校長も務めておられた。朝礼で全校生徒に訓辞をしておられる最中、ふと話を止め、「今日はこれで止める」とおっしゃり、後方の座席にひかえておられた教頭先生に「介助をたのむ」と一言。そのまま息をひきとられたという。まさに立亡《りゅうぼう》である。

われわれはよく死に方について「立派な死に方であった」とか「みっともない最期であった」とか、死に方に評価をつける。「死にともない」などと未練がましい言葉を残して死んだら仙厓さんらしくないとか、立ったまま生徒に訓辞をしながら死に赴くとは何とすばらしい、というように。当の御本人たちは、そんな次元はとっくに通りこし、天地の授かりの生命のままに旅立たれたのだが。

第九十六則「九峰不肯《きゅうほうふこう》」の「本則」では、石霜《せきそう》の亡きあと第一座を後任住職にしようという動きの中で石霜の侍者を勤めていた九峰が「まった」をかける。「先師石霜の心を会得し、私の質問に答えることができたら住職になることを認め、先師と同じように侍者としておつかえしましょう」と。

九峰の問いに答えた第一座の答えに対し、九峰は「全くわかっていない」と否定。第一座は「線香一本立ち消える間に坐禅したまま死ぬことができたら、私の修行力を認めよ」と云い、事実線香一本立ち消えるまでに坐禅したまま亡くなった。つまり坐脱《ざだつ》である。

九峰は第一座の背を撫《な》でながら「坐脱立亡はなきにしもあらず。先師の意は未《いま》だ夢にも見ざるあり」と云ったという。坐禅したまま又《また》は立ったまま死ぬということがないわけではない。しかしそんなことが修行の目的でも人生においての大切なことでもないんだよ、というのである。

聖とは聖も忘れた世界

第九十六則「九峰不肯《きゅうほうふこう》」の「本則」では「石霜七去《せきそうしちきょ》」というのが登場する。九峰の師の石霜は、つねづね修行僧を導くのに「休《きゅう》し去り、歇《かつ》し去り、冷湫々地《れいしゅうしゅうち》にし去り、一念万《ばん》年《ねん》にし去り、寒灰枯木《かんかいこぼく》にし去り、古廟《こびょう》香炉にし去り、一条白練《びゃくれん》にし去る」の「七去」をもって指導した。

九峰は後任住職の候補にあげられている第一座を試験するのに、この七去をもってした。第一座の答えは「一色辺《いっしきへん》の事をあかす」であった。つまりすべてを否定しつくした無一物の境界、向上一路の世界といえよう。九峰はそれを〝よし〟としなかった。すべての凡情を洗い去り、一点の塵《ちり》もない清浄なところに悟りすまし、坐りこんでいるようでは未《いま》だしなのである。

恒河《がんが》は
聖なるがゆえに
濁っておりました。

インドのガンジス河を詠じた杉浦祖玄《そげん》師の詩である。清も聖も忘れはてて、泥んこになって人々の中へ入り、自在な働きが出来るというものである。

その「本則」を受けて「頌《じゅ》」では「雪屋《せつおく》の人は一色の功《こう》に迷う」と、清浄一色の雪屋の中に座りこんでいる人にたとえ、そこを一歩踏み出して飛龍《ひりゅう》のような自在な働きをせよと示される。

第九十七則　光帝幞頭

衆《しゅ》に示《しめ》して云《いわ》く、達磨《だるま》梁武《りょうぶ》に朝《ちょう》す、本《もと》、心《しん》を伝《つた》えんが為《ため》なり。塩官大中《えんかんだいちゅう》を識《し》る眼《まなこ》を具《ぐ》するを妨《さまた》げず、天下太平国王長寿《てんかたいへいこくおうちょうじゅ》と云《い》って天威《てんい》を犯《おか》さず、日月景《じつげつけい》を停《とど》め四時和適《じわてき》すと云《い》って風化《ふうか》を光《あきら》かにすることあり。人王《にんのう》と法王《ほうおう》との相見《しょうけん》には合《まさ》に何事《なにごと》をか談《だん》ずべき。

挙《こ》す。同光帝《どうこうてい》、興化《こうけ》に謂《い》って曰《いわ》く、寡人《かじん》中原《ちゅうげん》の一宝《ぽう》を収《おさ》め得《え》たり、只是《ただこ》れ人《ひと》の価《あたい》を酬《むくゆ》るなし。化云《けいわ》く、陛下《へいか》の宝《たから》を借《か》せよ看《み》ん。帝《てい》、両手《りょうしゅ》を以《もっ》て幞頭脚《ぼくとうきゃく》を引《ひ》く。化云《けいわ》く、君王《くんのう》の宝誰《たからたれ》か敢《あえ》て価《あたい》を酬《むく》いん。

頌《じゅ》に云《いわ》く、君王《くんのう》の底意知音《ていいちいん》に語《かた》る。天下誠《てんかまこと》を傾《かたむ》く葵藿《きかく》の心《しん》。提出《ていしゅつ》す中原無価《ちゅうげんむげ》の宝《たから》。趙《ちょう》璧《へき》と燕金《えんきん》とに同《おな》じからず。中原《ちゅうげん》の宝興化《たからこうけ》に呈《てい》す、一段《だん》の光明価《こうみょうあたい》を定《さだ》め難《がた》し。帝業万世《ていぎょうばんせ》の師《し》となるに堪《た》えたり、金輪《こんりん》の景《けい》は四天下《てんか》に耀《かがや》く。

政教分離とは、無宗教であれというのではない

明治の廃仏毀釈《きしゃく》（仏教排撃運動）は、いろいろな宗教に寛容で共存的な日本民族の歴史の中で、めずらしく激しいものであった。中でも松本藩と鹿児島藩は厳しく、ほとんどの寺は破壊され、僧侶は還俗《げんぞく》をせまられた。

それよりももっと過酷な手段で仏法を弾圧した皇帝に、中国・唐代の武宗があり、「会《え》昌《しょう》の沙汰《さた》」と呼ばれている。

武宗は叔父にあたる宣宗を打殺し、死骸に糞尿《ふんにょう》までもぶっかけて亡きものにしようとした。が、かえってそれが薬となって宣宗は蘇生《そせい》し、父国を逃れて出家し、塩官斉安国師のもとで修行の日々を送る。塩官は宣宗であることを見破るが、久しくかくまって時を待ち、武帝の逝くに及び、「時到れり、泥蟠《でいばん》に滞ることなかれ」と、宣宗を帝位につかしむべく送り出す。宣宗は即位して仏法の復興に力を尽くし、善政を施く。その宣宗の年号を大

中と呼ぶ。

第九十七則「光帝幞頭《こうていぼくとう》」の「示衆《じしゅ》」に登場する「塩官大中《えんかんだいちゅう》を識《し》る眼を具するを妨げず」の一句は、武宗の眼をのがれ、一雲水の姿となって修行している宣宗を、それと見抜く眼力を塩官国師は具《そな》えていたというのである。

インドでは釈尊に帰依したビンビサーラ王やハシノク王を始めとし、中国に禅を伝えた達磨《だるま》大師に参じた梁《りょう》の武帝、塩官に教えを請うた宣宗、そして「本則」に登場する興化存奘《こうけぞんしょう》に参じた後唐の荘宗《そうそう》等々。すぐれた仏法の祖師方を人生の師とあおぎ、参禅しつつ理想的な政治を行った皇帝や宰相は数限りない。

かといって、一つの宗教の教主が、あるいはその教えを奉ずる者が、直接政治にそれを反映させよというのではない。政治や科学や教育を、真にあるべき方向へと方向づける役目をする、あるいは、政治する人、科学する人、教育する人の人間づくり、一本の木にたとえるなら、政治とか経済とか科学とかいうのは枝葉であり、それらを支える根幹となるもの、それが宗教であらねばならないと思う。

日本や多くの国がとっている政教分離というのは、そういう意味で大切であって、それにたずさわる人が無宗教であれというのではない。かといって間違った宗教にのぼせあがっていたのでは、もっと悪い。

「示衆」の最後を「人王《にんのう》と法王との相見《しょうけん》にはまさに何事をか談ずべき」の一句で結び、「本則」の著語《じゃくご》に「幸いに其の人に遇《あ》う」の一句が登場するなど、その辺の消息を語るものと受けとめたい。

あたりまえであることのすばらしさに気づく

歴史をさかのぼること約千二百年。玄宗皇帝が楊貴妃と春宵一刻を惜しみ、一方では李白や杜甫らの詩人が活躍するなど、唐の文化が絢爛《けんらん》と花を咲かせた時代、百丈山《ひゃくじょうざん》では大智《だいち》禅師が禅風を挙揚《こよう》しておられた。

ある時、一人の修行僧が「いかなるか是《こ》れ奇特の事《じ》」とお質《たず》ねした。「それはご奇特なことで」などと、今でも誉《ほ》めたたえる言葉、あるいはすばらしいこと、ねがわしきこと、などの意味で使われている。

百丈さまのお答えは「独坐大雄峰《どくざだいゆうほう》」の一句であった。〝すばらしいことというのは特別のことじゃない。今私がここにこうして坐っていることができる。あなたがここまで歩いてくることができた。そしてそのように語ることができる。それを奇特の事というのじゃ〟というのである。何の努力もせずに、やっているという意識さえもなく無心に足を運ぶことができ、呼吸することができ、食べたり眠ったりすることができる。そのことが途方もなく大変なことであり、すばらしいことなんだというのである。

塩尻公明先生は「人間は、なくてもがまんできることの中に幸せを追い求め、それがなくては幸せなど成り立ちようのない大切なことを粗末に考えているようだ」と語っておられる。

空気があっても呼吸器系に故障があれば吸うことができず呼吸器が正常でも空気がなければ生きておれないというような「あたりまえ」のすばらしさに気づくことができたら人生はどんなにか豊かで、輝きをもったものとなるであろう。

第九十七則「光帝幞頭《こうていぼくとう》」の「本則」で、同光《どうこう》という年号のときの荘宗《そうそう》皇帝が、興化《こうけ》和尚

（臨済《りんざい》の弟子）に〝私は中原《ちゅうげん》の一宝を収得することができたが、その価値を知る者がいない〟と語った。そこで興化和尚は〝陛下のその宝を貸して下さいませんか〟と云《い》うと「帝《みかど》、両手を以《も》って幞頭脚《きゃく》を引く」、皇帝は両手で冠の紐《ひも》をひっぱってみせた。〝中原の一宝とは、この私自身じゃ〟、あるいは〝こうして紐をひっぱることができるということじゃ〟と受けとってよかろう。

「中原の一宝」とは一般的には「天子の位を得た」ということであるが、ここでは、すべてを生かしめている本質の仏性の働きのことであり、それに気づくことができた、と受けとめるべきであろう。

そしてそれは人間の価値判断のとどく世界ではないということを「示衆《じしゅ》」で「無価の宝」の一句を出すことで語ろうとしている。

第九十八則　洞山常切

衆《しゅ》に示《しめ》して云《いわ》く、九峰《ほう》、舌《した》を截《き》って石霜《せきそう》を追和《ついわ》し、曹山頭《そうざんこうべ》を斫《き》って洞嶺《とうれい》に辜《そむ》かず。古人《こじん》三寸《ずん》、恁麼《いんも》に密《みつ》なることを得《え》たり。且《しば》らく為人《いにん》の手段甚麼《しゅだんなん》の処《ところ》に在《あ》るや。

挙《こ》す。僧《そう》、洞山《とうざん》に問《と》う、三身《しん》の中《うち》那身《なしん》か諸数《しょすう》に堕《だ》せざる。山云《さんいわ》く、吾《わ》れ常《つね》に此《ここ》に于《おい》て切《せつ》なり。

頌《じゅ》に云《いわ》く、世《よ》に入《い》らず、未《いま》だ縁《えん》に循《したが》わず。劫壺空処《ごうこくうしょ》に家伝有《かでんあ》り。白蘋風《はくひんかぜ》は細《こまやか》なり秋江《しゅうこう》の暮《くれ》、古岸舡《こがんふね》は帰《かえ》る一帯《たい》の煙《けむり》。

天地の働きを象徴したのが仏像

夜　かすかな雨の音
風の音
これは　仏さまが
この人の世を
おあるきになる
　足音です。

これは榎本榮一さんの「足音」と題する詩である。時間的には無限の過去から未来にわたり、空間的には銀河系惑星群の果てまで、いつでもどこでもという形で満ちみち、働きつづけてくださっているその働きが、ときに雨となり風となり、花を咲かせ鳥を鳴かせ、私達《たち》もそのお働きをいただいて呼吸もでき眠ることもできる。

一日が終ると
インドの人
中国の人　日本の私
みんな同じねむりを
大自然さまから
　いただく。

これも同じく榎本さんの「ねむり」と題する詩である。榎本さんがときに「大自然さま」と呼びかけ、「天地さま」と慕い、「仏さま」と拝む、そのお働きをいただき、気づく気づかないにかかわらずそのお働きにまかせきり、信じきって眠り、呼吸し、目覚め、日々の生命のいとなみをしている。

柳宗悦氏の言葉に「仏トナ　名ナキモノ　御名ナルニ」というのがある。名もなく形もないからこそ、いつでもどこでもという形で満ち満ちておいでになる御命、御働き。それを、子供が〝お母さん〟と親しく呼びたいように、名をつけて呼びたいという願いからつけられたのが仏さま方の名前である。たとえば一人の女性でも呼ぶ側の立場によって母となったり妻となったり祖母となったりするように、無限のお働きに対し、さまざまの名がつけられたまでのことで、仏さまが沢山《たくさん》あるわけではない。

また形もないものであるけれど、たとえば子供が、お母さんの笑顔や姿を眼で確かめて安心するように、視覚に訴えて拝みたいという心情に答え、人間の姿を借りて象徴的に表現されたのが仏像である。如来とお呼びする方は男のお坊さんの姿を借り、菩薩《ぼさつ》とお呼びする方はインドの貴婦人の姿を借りて表現したものであり、偶像ではない。

第九十八則「洞山常切《とうざんじょうせつ》」の話では、一人の僧が洞山さまに対し、「仏には法身《ほっしん》・報身《ほうじん》・応身《おうじん》の三つがあるが、そのうちどの仏が説法するのか」という質問で展開する。

榎本さんが「天地さま」とお呼びし、柳宗悦氏が「名ナキモノノ御名」とお呼びする、天地根源ともいうべきお働きそのものを象徴したのが法身仏で、奈良・東大寺の毘盧遮那《びるしゃな》仏《ぶつ》や、真言宗の大日如来がそれに当たり、輝きわたる光明にたとえられる。

「宗教とは生活」であって観念ではない

南北朝時代、楠木正成と共に後醍醐天皇に生涯忠誠を尽くした武将に菊地武重がある。この菊地武重が生涯の師とあおいで参禅したお方が大智禅師である。大智禅師は寒巌義尹禅師のもとで出家し、後に加賀の大乗寺に登り、瑩山禅師のもとで修行。更に中国・元へ留学すること十一年。帰国し、瑩山禅師の上足である明峰素哲に嗣法し、後、故郷の肥後に帰り、菊地一族の帰依を受けて鳳儀山聖護寺に住すること二十年。聖護寺は今も往時のままの法灯が守られている。この大智禅師の「仏成道」と題する三首の偈の一つに次のようなのがある。

果ハ満テ㆓三祇ニ㆒道始成
放光動地度ス㆓群生ヲ㆒
一声鶏ハ唱ウ五更ノ月

枕上誰人カ夢未レダ醒メ

この第一句「果満三祇道始成」に二種の読み方がある。「果は三祇に満ちて道始めて成ず」と読むのが従来の読みで、もっとも一般的といえよう。それに対し余語翠巖老師は「果は三祇に満ちて道始めより成ず」と読まれた。これは異色の読みである。

「道始めて成ず」の読みは、三大阿僧祇劫という途方もない歳月をかけての修行が熟して、ようやく道を成ずることができた。お悟りを開くことができた、というのである。それに対し「道始めより成ず」というのは、〝修行して仏になるんじゃない。始めから仏なんだ。気づく気づかないにかかわらず始めから天地いっぱいの仏の御生命、御働きをいただいての起き臥しなんだ〟というのである。一方は未来形、一方は過去完了形である。

沢木興道老師はよく「凡夫がボツボツ修行して仏になるんじゃない。始めから仏。しかしそれに気づかずに迷っているのを凡夫と呼ぶ」とおっしゃった。この「始めから仏」というのが、余語老師の「始めより成道」の読みであり、「本具仏性」という言葉におきかえることもできよう。しかし気づかないとそのすばらしい本具の働きも輝きをみせない。さんざん修行して修行して「あっ、そうであったか」と本具に気づく。それが「道始めて成ず」で、仏陀を「覚者」―めざめた人―と訳するゆえんもそこにある。

道元禅師が『正法眼蔵』辦道話の初めに、「人々の分上にゆたかにそなわれりといえども、いまだ修せざるにはあらわれず、証せざるにはうることなし」と示しておられる。この「人々の分上にゆたかにそなわれり」というのが「始めより成ず」の読みであり、「といえどもいまだ修せざるにはあらわれず、証せざるにはうることなし」のあとの一句が、〝初めから具わっているものであっても、さんざん探し求め、修行することにより、やがて果が熟し、めざめるということがないと、本人の喜びとしていただくことも、又日々の生活の上に生命を輝かせることもできない、というのである。

九十八則「洞山常切」の「本則」に登場する法身、報身、応身の三身のうち、気づく気づかないにかかわらず授かっている天地いっぱいの働き、それを象徴したのが法身仏であり、長い長い参師問法の修行の果てに「ああ、そうであったのか」と法身の働きに気づいた境涯、つまり長い修行の報いとして到り得た境涯を報身仏と呼ぶ。

阿弥陀如来は法蔵菩薩が五劫思惟という長い御修行の末に、成就された仏というので、報身仏と呼ばれているように。

三身のうちの応身仏は「千百億化身釈迦牟尼仏」と呼ばれているように、慈悲の故に悩める衆生の数だけ同じ姿に身を現じてお救い下さる仏の御働きを象徴したものといえよう。「この三身の中のどれが説法するのか」というのが、一人の僧の洞山さまへの質問である。これに対し洞山さまは「吾常に此において切なり」と答えておられる。

法身だ、報身だ、応身だなどと、仏を観念の上でこねまわしたり、他人ごととして遠くへ持っていってはならない。生きている生命というのは今この一瞬のみ。今この一瞬を正念場として、そのことに徹してゆく。「今、私はこのことに一生懸命取り組んでいる」などということが意識にのぼるようでは、すでに隙間のある証拠。そんなことも意識にのぼらず、驀直《まくじき》にそのことと一つになり、そのことに打ちこんでゆく姿、それが「今ここにおいて切なり」のお心であろう。

「切」という字は親切、密切、適切、痛切などと熟語して、少しも隙間のないこと、一つになりきり、一つになっていることすら意識にのぼらない姿をあらわす。

法・報・応の三身などという教学上の学びも一応大切であるが、うっかりすると観念の世界に遊んで、今ここの生命の歩みから浮きあがってしまいかねない。沢木老師がつねづねおっしゃった「宗教とは生活である」の一句の重さを思うことである。

第九十九則　雲門鉢桶

衆《しゅ》に示《しめ》して云《いわ》く、棋《ご》に別智《べっち》あり、酒《さけ》に別腸《べっちょう》あり。狡兎《こうと》三穴《けつ》、猾胥万幸《こうしょばんこう》。箇《こ》の狡頭底《こうとうてい》あり、且《しば》らく道《い》え是《こ》れ誰《た》ぞ。

挙《こ》す。僧《そう》、雲門《うんもん》に問《と》う、如何《いか》なるか是《こ》れ塵塵《じんじん》三昧《まい》。門云《もんいわ》く、鉢裏飯《はつりはん》、桶裏水《つうりすい》。

頌《じゅ》に云《いわ》く、鉢裏飯桶裏水《はつりはんつうりすい》、口《くち》を開《ひら》き胆《たん》を見《あらわ》して知己《ちき》を求《もと》む。思《おも》わんと擬《ぎ》すれば便《すなわ》ち二三機《き》に落《お》つ。対面忽《たいめんたちま》ち千万里《り》と成《な》る。韶陽師些子《じょうようしさし》に較《あた》れり。断金《だんきん》の義《ぎ》、誰《たれ》か与《とも》に相同《あいおな》じからん、匪石《ひせき》の心独《しんひと》り能《よ》く此《かく》の如《ごと》し。

ピンチをチャンスと生かして

女性仏教徒の国際会議に出席するべくタイを訪れた。三十数カ国の代表と地元のボランティアも含めて六百人が、バンコク郊外にあるサティエン・タンマサターンという女性修行者のコミュニティーに集っての会であった。

創設者であるサンサニー尼は、タイのマザー・テレサともいうべき活躍をしておられる方で、二十四年前の創立当時は、野っ原に木が一本立っているだけ、というところからの出発であったという。一人の女性の捨て身の菩薩行《ぼさつぎょう》の力の偉大さに、ただ頭が下がる思いであった。

広大な熱帯植物の森のあちこちに建てられた建物は、床と柱と屋根から成っていて、風をさえぎる建具らしきものはほとんどない。毎日三〇度を越えるむし暑さではあるが、深い緑の中をくぐり、蓮池をわたってくる風はきわめて心地よく、ところどころに置いてある扇風機は、まわる必要もなく、又《また》一つもまわっていない。

食事がまた楽しい。バナナの葉で手造りされた食器に精進の手料理が盛られ、飲みものは、これも手造りの青竹のひと節にストローを添え、さげる紐《ひも》をつけたもので、なくなると森のあちこちに準備された呈茶所で希望の飲みものを入れていただき、会期中これを使用する。

大自然の恵みの中に全身を投げ入れ、大自然の摂理に随順して、つつましく生きる人々の姿に、深い安らぎとゆるぎない強さを感じた。オール電化の文化生活をほこる現代人。ひとたび停電したら食事はおろか、自動ドアで戸さえ開かなくなる。東日本大震災に続く原発問題が人類に投げかけている難問題の解決の方向づけを、タイ郊外のコミュニティーでのあり方の中に見る思いがした。

第九十九則「雲門鉢桶《うんもんはっつう》」の「示衆《じしゅ》」に「猾胥万倖《こうしょばんこう》」という一句が出てくる。「胥」は猿のこと。かしこい猿はどんなことも「幸い」と転じて、決して損はしないというのである。「ピンチはチャンス」といった方がおられたが、どんなこともチャンスと受けて立ち、幸いと転じてゆきたい。

未曾有の犠牲者を出したこの度の大震災、それに日本は原爆と原発と二度にわたり大きな犠牲を払っている。これを犠牲に終わらせず、文化のありようを本気に問いなおすチャンスと切りかえてゆかねば犠牲になった人々に申し訳ない。

「人類は地球の癌《がん》的存在ではないか」「人類がいなくなったら地球は安泰であろう」などの思いが、ときどき脳裏によぎるのは、私ばかりではないのではないか。少なくとも地球的視野のもとに今どうすべきかを、本気に考えるべき時と思うことである。

全体に生かされ、全体を生かし

ヨーロッパのホテルで、時計を大理石の床に落とし、侍者の時計を借りて急場をしのいだことがある。以来、時計は必ず予備を持ち歩くことにしている。

文字盤をめぐっている長短二つの針がとんでしまったのである。二つの針をおさえているピンがとんでしまったのであろう。時計を構成している沢山《たくさん》の部品の中の、目に見えないほど小さな部品であろうと、故障したら時計全部が機能しなくなる。かりに長短二つの針をおさえているピンの大きさが百分の一センチだとする。百分の一センチのピンは、時計全部の命を双肩に背負って百分の一センチのピンのお役を勤めていることになる。こういうかかわりあいを「一即一切」という言葉であらわす。

視点を変えて、百分の一センチのピンがどんなにすこやかに動ける状態にあっても、時計を構成している沢山の部品のどれか一つが故障したら、動きたくても動けない。つまり、時計を構成している沢山の部品が、それぞれの配役を十分に勤めあげるという形で、総力をあげて百分の一センチのピンを動かしているということになる。これを「一切即一」という。全体が総力をあげて一を働かせ、一は全体を背負って一の配役を勤める。

この地上の現象界の一切は、一つの例外もなく皆このようにかかわりあって存在している。いわゆる相依《そうえ》相関している。これを仏教では「縁起」と呼び、華厳教学では「事々無《じじむ》礙法界《げほっかい》」と呼ぶ。「事」とは現象界のことで、現象界の一切の存在が無礙自在に円融しているというのである。

華厳宗ではこの世界を四つの角度から分類する。千態万様の姿をもっている現象界から見た世界を「事法界」。真理の平等面から見た世界を「理法界」。平等の理法界が千態万様の現象の世界と、どう相即相入しているかの角度から見たものが「理事無礙法界」。たとえば平等の春の働き（理）が梅や桜やすみれという現象界（事）に無限の姿となって展開しているように。そして現象界のそれぞれが一つの例外もなく円融無礙にかかわりあっている姿を「事々無礙法界」と呼ぶ。

第九十九則「雲門鉢桶《うんもんはっつう》」の「本則」で、一人の僧が雲門に「いかなるかこれ塵々三昧《じんじんざんまい》」と質問している。この「塵々三昧」というのが、華厳の四法界の中の事々無礙法界のことで、雲門は「鉢裏《はつり》の飯、桶裏《つうり》の水」と答えている。つまり〝茶碗《ちゃわん》の中には飯、桶《おけ》の中には水〟又《また》は飯櫃《めしびつ》の中には御飯、汁桶の中には汁というのである。

全体に支えられて茶碗は茶碗の配役、桶は桶の配役を勤めることができるのであり、同時に比較を絶して飯櫃は飯櫃の配役を、桶は桶の配役を驀直《まくじき》に勤めあげることが、そのまま全体を支えることになるというのである。

第百則　瑯琊山河

衆《しゅ》に示《しめ》して云《いわ》く、一言《ごん》以《も》って邦《くに》を興《おこ》すべく、一言《ごん》以《も》って邦《くに》を喪《そう》すべし。此《こ》の薬《くすり》又《また》能《よ》く人《ひと》を殺《ころ》し亦《また》能《よ》く人《ひと》を活《いか》す。仁者《じんしゃ》は之《これ》を見て之《これ》を仁《じん》と謂《い》い、智者《ちしゃ》は之《これ》を見《み》て之《これ》を智《ち》という。且《しば》らく道《い》え利害《りがい》甚麼《なん》の処《ところ》にか在《あ》る。

挙《こ》す。僧《そう》、瑯琊《ろうや》の覚和尚《かくおしょう》に問《と》う、清浄本然《しょうじょうほんねん》云何《いかん》ぞ忽《たちま》ち山河大地《せんがだいち》を生《しょう》ず。覚云《かくいわ》く、清浄本然《しょうじょうほんねん》云何《いかん》ぞ忽《たちま》ち山河大地《せんがだいち》を生《しょう》ず。

頌《じゅ》に云《いわ》く、有《う》を見《み》て有《う》とせず、翻手覆手《ほんしゅふくしゅ》。瑯琊山裏《ろうやさんり》の人《ひと》、瞿曇《くどん》の後《しりえ》に落《お》ちず。

一言で人を生かしも殺しもする

ある日乗ったタクシーの運転手が語りかけてきた。

「わたしゃ、しょもない亭主でしてなぁ。自分で働いた金はみんな遊びに使ってしまいましてね。家へは一銭も入れない。家内は『お父さんの稼いだお金ですもの。遠慮なくお使いください』といって一言もいわないですよ。家内は教養もなく器量も悪かったものですから、どこかへ行くときは〝俺の女房じゃない〟とばかりに〝離れて歩け〟などと云いましてね。ひどい亭主でした、家内は何も言わず、自分もいっしょうけんめい働いて、子供は大学まで出して立派に教育してくれました。

わたしゃ自分で稼いだ金だけでは足りなくて、ときどき家内に金の無心をしていました。そんなある日、また金を貸してくれといいましたら家内が『まぁ、お父さん、お茶でも飲みましょう』というのです。金を貸せというのに何がお茶だと思っていましたら、パイナップルの缶詰を出してきましてね、缶切りであけたんですよ。そしたら中に百円玉や五百円玉がぎっしり入っていましてね。『お父さん。少しずつ、少しずつ貯金したものです。もうこれっきりないですけれど、お使い下さい』というんです。

わたしゃ頭をぶんなぐられる思いがいたしましてね。ほんとにすまんことをしたと、私はそれから人生が一変しました。

今は月に一度ずつ家内を車に乗せて、家内の気のあう友達と一緒に家内の好きな温泉などに連れていっております。せめてもの罪ほろぼしの思いです。家内を心の中で拝みながら、毎日をおだやかにすごさせていただいております」

懺悔の思いを吐露しての運転手の言葉に、私は深い感動をおぼえながら、道元禅師の「愛語よく回転の力あることを学すべきなり」のお心の具体例をまのあたりに見る思いであった。愛の心からほとばしり出た愛の言葉が、一人の人間を（天子さえも）百八十度方向転換させる力を持っているというのである。

第百則「瑯琊山河」の「示衆」に「一言もって邦を興すべく、一言もって邦を喪すべし」という『論語』子路編の言葉が登場する。〝一言で国を興すこともできれば一言で国を亡ぼすこともできるというのである。愛の一言で生きる力を失っていた人を立ちあがらせることもできれば、心ない一言で一人の人を死に追いやることにもなる〃というのである。

「舌によりて罪を犯すことなかれ」「死も生も舌の権限内にあり」と、言葉についての厳しい戒律を残されたヴェネディクト（五世紀、イタリアの修道者）の心を思うことである。

自分の中にあるものしか見えない

落語に「こんにゃく問答」というのがある。

上州安中の禅宗のあき寺を、門前のこんにゃく屋六兵衛が世話をしていた。越前永平寺の雲水托善が問答にやってくる。袈裟法衣《ころも》は着たものの何もわからない六兵衛は、目も耳も悪いことにして黙って追い返そうとする。何を問いかけても無言の六兵衛を見て、さては無言の行中かと心得た托善は、しからば無言で問答をしようと、まずは両手の人差し指と拇指でまるい輪をつくって前へ突き出した。とたんにかっと目を開いた六兵衛は両手で大きな輪を描いた。すると雲水は両手をパッと開いて十本の指を前へ突き出す。六兵衛はすかさず右手の五指を前へ突き出す。今度は雲水が右手の三本の指を突き出すと、六兵衛は赤んべえをしてみせた。旅僧は「はァー」と平伏し、逃げるように去っていった。

二人の間にいったいどんな問答往来があったのか。最初に雲水が輪を突き出したのは「和尚の胸中は?」と聞いたのであるが、六兵衛は「お前の家のこんにゃくはこれっぱかりか」と馬鹿にされたと思い、かっと目を開いて「こんなに大きいぞ」と大きな輪をつくってみせた。それを雲水は「大海のごとし」と受けとめた。次に雲水が十本の指を出したのは「十方世界は?」と聞いたのだが、六兵衛は「十丁でいくらだ?」と受けとめ、「五百文だ」と五本の指を立てたのだが、雲水は「五戒で保つ」と受けとめた。最後に雲水が三本の指を出したのは「三尊の弥陀は?」と問うたのであるが、六兵衛は「三百文に負けろ」と云ったと思い、「負けられないよ」と赤んべえをした。それを雲水は「目の下にあり」と受け取り、平伏して退散したというのである。

この話の面白いのは一つの行為を全く違った視点から解釈し、その違いに気づかず真剣にやっているところにある。その解釈の違いはどこから来るか。二人のそれまでの生き方の違い、心の中に蓄積されている経験の違い、学びの浅深の違いによるものである。

つまり人は、自分の貧しい経験という窓口からしか、わずかに学びえた寸法の範囲内しか受けとめることができないのである。

「花はさみしい」と云った人がいる。花がさみしいのではない。心がさみしいので花がさみしく見えるのである。われわれは一つのものをAはAと透明に見ているのではなく、自分の心の投影としてしか見ていないことに気づかねばならない。

第百則「瑯琊山河」の「示衆」に「仁者はこれを見て仁といい、智者はこれを見て智という」の一句が出てくる。貧しい自分の経験という眼鏡に写った世界しか見れないというのである。

限りなく内をゆたかに、あるいは美しく、あるいはあたたかくすることで、受けとめる世界を、生きてゆく世界をゆたかに、美しくあたたかいものにしてゆきたいと願うことである。

〝涼風の中の暑さでしてな〟

「涼風の中の暑さでしてな」

これは三十年余りも前の夏末摂心《げまつせっしん》のおりの余語翠巌《よごすいがん》老師のお言葉である。暑い暑い、とつい口に出してしまう度に、この老師の言葉が脳裏をよぎる。

修行道場では毎月初めに摂心といって、三日乃至五日間、朝四時から夜の九時まで約十五時間を通しての坐禅をする。名古屋の三十五度前後の酷暑の中で、着物の上に二反の法衣《ころも》と一反の袈裟をかけて坐禅するのであるから、二時間も坐れば汗でお袈裟までぬれる。余語老師をお迎えしての夏末摂心のおり、昼食のあとのわずかな休憩時間、老師につづいて坐禅堂を出た私は思わず老師に「暑いですね」と声をかけてしまった。そのときの老師のお答えが「涼風の中の暑さでしてな」の一言であった。私はガンと頭をなぐられた思いで、しずかに頭を垂れてその場をひきさがった。法衣の袖を風にまかせながら涼やかにおっしゃったこの一言は、そのお姿と共に今も忘れない。

暑い！　大変だ！　何とか暑さを逃れる方法はないかともがき、暑さとその苦しさのほかは何も見えていない私。その私や暑さをあますことなくつつみこんで天地いっぱいに涼風がゆきわたっているのであるが。

更には、その暑さの故にこそ、涼風を求める心がおき、また涼風を涼風と感受できるのである。真冬だったら、同じ風でも寒風でしかなく、涼風とはいただけないのである。暑さは厳しいほどに涼風を求める心がおき、また涼風を涼風と喜びの中にいただくことができるのである。

第百則「瑯琊山河」の「本則」に登場する瑯琊慧覚《ろうやえ》は、雪竇重顕《ちょうじゅうけん》と並んで当代の二甘《にかん》露門《ろもん》と称されたほどの人物であるが、生没は確かでない。

一人の僧が「清浄本然《しょうじょうほんねん》、いかんが忽ち山河大地を生ず」と、質問してきたのに対し、「清浄本然、いかんが忽ち山河大地を生ず」と、同じ言葉で慧覚和尚が答えたというのが「本則」の全体である。

昔から「疑問《ぎもん》が答処《とうじょ》」、つまり〝問いがそのまま答え〟といわれ、問うてきた人の言葉をそのまま鸚鵡《おうむ》返しにして答えとしたという例はいくらでもある。言葉面《づら》は同じであるが、云う人によって内容は天地とへだたる。

この地上の一切の存在は、もともと清浄なる仏の御生命の展開だというなら汚いものなどあるはずがないのに、現実はどうしてこんなに汚濁に満ちているのか、というのが僧の質問である。それに対し、この地上の一切の存在が、ときに華開落葉し、ときに生老病死する。それがそのまま仏の御生命の中味であり風光であって、嫌うべき何ものもない。それが人生の道具だてであり、むしろ一歩進んで、いろいろあったほうが人生が豊かになると受けとめよ。というのが瑯琊の答えとするところである。道元禅師はそれを「生死は仏家の調度」という言葉で示された。

凡夫の分別の塵にまみれた眼には汚濁と見えるものも、仏の御眼から見たら、清浄本然の仏の御生命、御働きのほかの何ものでもない、というのである。暑さしか見えていないのと、それぐるみ涼風の中の起き臥しといただくのとの違いといえよう。

あとがき

十五歳で出家得度して修行道場へ入る時、師匠はご自分の被布《ひふ》の残り布で箸袋をつくって下さった。以来六十三年の歳月、その師の手縫いの箸袋を大切に使わせていただいている。過日、食事のあと、安居中の雲水たちにその箸袋を見せながら語った。

「得度してこの道に入らせていただき、修行道場においていただくお蔭で、まがりなりにも一筋にこの道を歩ませていただいて六十三年。やっとこんなもんです。日暮れていよいよ道遠しの思いで慚愧のきわみです。あなた方も、あせらずあきらめず怠らず、歩みつづけて下さい」と。

『従容録』の奥山に分け入り、ときに立ちどまり、とまどい、又姿勢をたてなおして手さぐりながら一歩半歩をすすめる、そんな遅々とした足跡を、はじらいもなく書きつづけ、地方誌の「市民タイムス」へ連載すること百三十余回。ようやく百則を終えることができた。ようこそ新聞社の方も辛抱づよく連載をお許し下さったものと感謝に堪えない。

春秋社の御好意により、先に『光を伝えた人々』の題のもとに一則から三十則までを第一冊とし、次に『光に導かれて』の題のもとに三十一則から六十七則までを第二冊とし、この度『光のなかを歩む』と題して六十八則から百則までを第三冊として上梓させていただく運びとなった。

あくまでも新聞誌上における連載としての読みものという意識の上の執筆であり、又文字数の制限等もあり、学究の徒のための資料にははるかに及ぶべくもなく、更には十則以上の則は脱落のままとなっている。あちこちに散りばめられた「著語」もなかなかおもしろく捨てがたいものが多い。

いつの日かさいわいに脱落の則も拾いながら、又著語の世界もたのしみながら、全体的に一歩でも二歩でも見なおし、深めることができる日のあることを念ずるものである。

「市民タイムス」や春秋社の編集部の皆様、更には三冊にわたり、私のわがままな願いをお聞き入れ下さり、九十歳の御高齢をいとわずあたたかい合掌童子の装画を御執筆下さった佐久間顕一先生に、心から感謝を捧げたい。

平成二十三年九月八日　白露の節

青山　俊董　合掌

著者紹介

青山　俊董（あおやま・しゅんどう）

昭和８年、愛知県一宮市に生まれる。五歳のとき、長野県塩尻市の曹洞宗無量寺に入門。15歳で得度し、愛知専門尼僧堂に入り修行。その後、駒澤大学仏教学部、同大学院、曹洞宗教化研修所を経て、39年より愛知専門尼僧堂に勤務。51年、堂長に。59年より特別尼僧堂堂長および正法寺住職を兼ねる。現在、無量寺東堂も兼務。昭和54、62年、東西霊性交流の日本代表として訪欧師、修道院生活を体験。昭和46、57年インドを訪問。仏跡巡拝、並びにマザー・テレサの救済活動を体験。昭和59年、平成９、17年に訪米。アメリカ各地を巡回布教する。参禅指導、講演、執筆に活躍するほか、茶道、華道の教授としても禅の普及に努めている。平成16年３月、女性では二人目の仏教伝道功労賞を受賞。平成21年、曹洞宗の僧階「大教師」に尼僧として初めて昇任。

著書：『生かされて生かして生きる』『仏のいのちを生死する』『わが人生をどう料理するか』上・下『禅のことばに生き方を学ぶ』『あなたに贈ることばの花束』『花有情』（以上、春秋社）『新・美しき人に』（パンタカ）『道元禅師・今を生きる言葉』（大法輪閣）『一度きりの人生だから――もう一人の私への旅』（海竜社）他多数。『美しき人に』は英・独・仏等七～八ヶ国語に翻訳されている。

光のなかを歩む　従容録ものがたりⅢ

2011年10月20日　第１刷発行

著者Ⓒ＝青山　俊董
発行者＝神田　明
発行所＝株式会社 春秋社
〒101-0021　東京都千代田区外神田2-18-6
電話　(03)3255-9611(営業)　(03)3255-9614(編集)
振替　00180-6-24861
http://www.shunjusha.co.jp/
印刷所＝信毎書籍印刷株式会社
製本所＝黒柳製本株式会社
装　画＝佐久間　顕一
装　幀＝本田　進

ISBN978-4-393-15335-2　C0015　　Printed in Japan
定価はカバーに表示してあります

青山俊董の本

光を伝えた人々　従容録ものがたり

碧巌録と並ぶ公案集として有名な従容録の問答を機縁に、単なる禅問答の知的理解にとどまらず、あくまでも生活に根ざした「今・ここ」を生き生きと生きるための智慧を語る。　1785円

光に導かれて　従容録ものがたりII

禅の公案集として名高い『従容録』一則一則の要諦を懇切に解説。即今只今を真実に生きるための素材として豊富な話材を駆使して語る易しい法話集。『光を伝えた人々』に続く第二集。　1890円

あなたに贈る　ことばの花束

四季折々の野の花たちに囲まれた百四十句の言葉たち。それは著者自身の人生の中で常に指針となり慰めとなったものである。ちょっとホッとする時間に誘われる会心のエッセイ。　1050円

花有情

「花は野にあるように（利休）」無垢な野の花、山の花の数々を、四季折々にそっと花入れに移した風情を追った写真の数々に、珠玉のエッセイを付した華やかで心温まる写真文集。　3675円

表示価格は税込み。